CORAZONES AUTÉNTICOS

El Amor Propio es el Primer Paso
Hacia Transformar Tus Relaciones

TRUE AUTHENTICITY PRESS

LOHAN BRUGUERA

Tercera edición, Miami, 2024
Corazones Auténticos
2024 © Escrito por: Lohan Bruguera
2024 © Diseño de Portada: Lohan Bruguera
2024 © Todas Imágenes y portada: Bing image generator
2024 © Diseño de: Sambybooks
2024 © Traducción al español: Lídice Megla
2024 © Edita de: Eduardo René Casanova;
Todos los derechos reservados.

Publicado por: True Authenticity Press
Miami, FL, EE.UU., 2024
https://linktr.ee/LohanBruguera

Libro en rústica ISBN:979-8-9903892-2-9
Número de control de la Biblioteca del Congreso: 2024906185

Impreso en los Estados Unidos de América
©2024 Lohan Bruguera y True Authenticity Press

TRUE AUTHENTICITY PRESS

A Maia Dhyan. In Memoriam
febrero – 1939 — octubre - 2004

Prólogo

Pocas cosas pueden llevarnos a las alturas del éxtasis y a las profundidades de la desesperación tan rápida y frecuentemente como las relaciones. Pocas cosas nos desequilibran tan fácil y desconcertantemente. Pocas cosas captan nuestra atención y la consumen por completo. Industrias enteras existen con el propósito de mejorar las posibilidades del amor, el sexo y las relaciones.

El amor y las relaciones pueden hacernos sentir como si estuviéramos en la cima del mundo o hundirnos en la duda más profunda, la desesperación más oscura y el auto cuestionamiento despiadado, todo en el espacio de segundos. Pueden hacernos sufrir tanto que el dolor emocional se convierte en físico. Hay estudios interesantes sobre un problema cardíaco real llamado "Síndrome del corazón roto" que se deriva de la pérdida, el dolor y las relaciones dañadas.

Cuánto más interactúo con los participantes en retiros, talleres y otros entornos, más evidencias encuentro para la premisa de que la mayoría de nosotros renunciamos a nuestro poder en el contexto de las relaciones románticas. Aquí es donde constantemente soy testigo de personas exitosas y empoderadas que venden su poder, con demasiada frecuencia conformándose con unas pocas migajas de aceptación, validación o pseudo amor. Al contrario de las personas que se definen a sí mismas y tienen una mente fuerte, que están establecidas profesional e incluso espiritualmente, pueden perder su sentido de sí mismas cuando se trata de relaciones íntimas. Pierden su poder para evitar estar solos, o por una forma ilusoria de amor.

Navegar por las relaciones conscientemente no es fácil. De hecho, es nada menos que heroico. Sin embargo, cuando lo hacemos, nuestro proceso de sanación y transformación se acelera drásticamente. ¡Y nuestras relaciones tienen una posibilidad real de éxito!

Conozco a Lohan Bruguera desde hace más de 30 años y puedo dar fe de la forma auténtica en que aborda la vida. Eso también es evidente en su escritura. Comparte generosamente sus ideas y percepciones ganadas con tanto esfuerzo. Su compromiso de ayudar a otros a navegar por el laberinto de las relaciones es claro. También está claro que está dispuesto al trabajo que se necesita para tener relaciones exitosas. Y eso es nada menos que honorable.

Espero que su libro te ayude a profundizar en tu comprensión de algunas de las razones por las que experimentamos tales desafíos en torno a las relaciones. Sí, requieren mucho trabajo, pero abordados conscientemente, bien valen ese esfuerzo. ¡Bendiciones en tu viaje!

Christian de la Huerta,

Autor premiado y superventas de
Coming Out Spiritually: A Next Step: (Salir del Armario
Espiritualmente: El Siguiente Paso)
Awakening the Soul of Power: How to Live Heroically and
Set Yourself Free (Despertar el Alma del Poder: Cómo Vivir
Heroicamente y Liberarse)
Coach personal transformacional, facilitador de retiros y
conferenciante Ted-X

Prefacio

Desde mi adolescencia, había estado buscando ese "algo más" que una existencia normal. Después de graduarme de la escuela secundaria, a pesar de sentirme totalmente mal preparado para lo que me esperaba según mis observaciones de los adultos que me rodeaban, escuché mis pensamientos en voz alta diciendo: "Tiene que haber más en la vida que ir a trabajar todos los días, llegar a casa, comer, ver televisión e irme a dormir, solo para despertar y hacerlo todo de nuevo". La posibilidad de vivir ese tipo de vida nunca me pareció satisfactoria.

Como resultado, me quedé fascinado con la autoayuda, la metafísica y la espiritualidad para comprender lo que significaba vivir una vida con propósito y descubrir lo que sabía que me estaba perdiendo. Incluso, a los diecinueve años me convertí en miembro del personal de una conocida pero controvertida organización de autoayuda "espiritual" durante casi un año. Esa experiencia me cambió de muchas maneras. Me permitió adquirir la habilidad para hablar sin limitaciones con cualquier persona o tema, ya que parte de mi trabajo como vendedor de libros consistía en acercarme y hablar con gran cantidad de desconocidos a diario. También me dejó bastante traumatizado en mi relación con las organizaciones "espirituales". A pesar de que había obtenido una base de enseñanzas verdaderas dentro de mí mismo, me sentí repelido por cualquier búsqueda adicional de esa elusiva calidad de vida durante varios años.

Poco después de mi vigesimoséptimo cumpleaños, un sábado por la mañana, me desperté febril, sintiéndome espaciado y miserable. Saqué el termómetro de su delgada caja de plástico, lo sacudí vigorosamente y coloqué la punta plateada debajo de mi lengua. Mi temperatura era de ciento dos. Inmediatamente tomé tres aspirinas, pero sus efectos duraron solo un par de horas. La fiebre volvió a subir. A lo largo del día, mi estado físico empeoró y afectó mi estado emocional. Me tumbé en el sofá en un estado de, lo que ahora llamo, entumecido, impotente. La televisión estaba encendida, pero con muy poca atención presente. Tenía hambre, pero no tenía energía para levantarme ni prepararme nada. Estaba tan profundamente en mi estado inerte que, aunque también me sentía vacío y triste, un entumecimiento generalizado se apoderó de mí como mi experiencia principal. Por la noche, sin embargo, mi experiencia cambió. Era como si, mientras estaba acostado en la cama, simplemente estuviera esperando dejar mi cuerpo y esta realidad física. No había miedo de por medio. El miedo era una vibración emocional demasiado alta para que yo pudiera siquiera alcanzarla. Era simplemente un tiempo de espera de algún suceso inminente. Entonces, entre los muchos pensamientos que entraban y salían de mi mente, pensé en mis padres y en lo afligidos que estarían después de mi partida. En esos momentos, sentí una tristeza intensa por ellos, pero no por mí. Parecía como si no me quedaran fuerzas para resistir mi inevitable transición, y todo lo que podía hacer era rendirme a ella.

Durante cinco días, pasé por este ciclo de entumecimiento e inevitabilidad y cada día que pasaba parecía aumentar mi experiencia. A la quinta noche me di cuenta: "Espera un minuto". Mi voz interna dijo: "Si me voy ahora, tendré que regresar y hacerlo todo de nuevo. Tendré que nacer en otro cuerpo, crecer de nuevo y empezar de cero. Así que antes de irme, quiero llegar al nivel en que, si vuelvo, será mi elección, y será para ayudar a otras personas".

Al día siguiente, me bajó la fiebre.

Poco a poco empecé a sentirme mejor, pero esta intensa experiencia me dejó con una sensación de urgencia. Me decía: "Ya no puedes perder el tiempo, ¡adelante!". Sabía que era hora de retomar mi búsqueda de los ingredientes que faltaban para la vida una vez más. Comencé a devorar libros sobre la espiritualidad de la nueva era, en un intento por satisfacer la urgencia que mi experiencia había encendido. Desde entonces me he dado cuenta de lo importantes que son nuestras percepciones. Forman nuestras experiencias.

Así que, ya sea que estuviera o no físicamente cerca de la muerte, tuve lo que algunos llaman una experiencia cercana a la muerte. Lo que sí sé es que tuvo el mismo tipo de efectos en mí. Después de un par de meses, por casualidad conocí a un hombre en una fiesta que me habló de un seminario llamado "Un llamado a la grandeza". Después de una breve conversación sobre el fin de semana, tomé la decisión de asistir. La creadora y facilitadora de este evento, Isana Mada, fue una maestra espiritual que pronto se convertiría en mi maestra y gurú. Ella le habló a mi alma tan clara y agudamente que no pude negar la conexión o las implicaciones subyacentes de nuestra inminente relación. Después de un año y medio, me mudé a San Francisco para vivir en un *ashram* (comunidad espiritual) con ella y otros tres discípulos (estudiantes) durante dos años. Nos enseñó a facilitar un proceso de respiración y compartió sus enseñanzas, que se basaban en la auténtica autoexpresión. Eventualmente, ella nos ofreció su método de trabajo y nos empoderó para convertirnos en maestros y sanadores. Lo más importante es que nos proporcionó herramientas muy prácticas para ponernos en contacto y expresar nuestro verdadero ser. Ella nos ayudó a ver nuestras propias tendencias egoicas que saboteaban nuestro crecimiento espiritual y nos dio una guía clara para ayudarnos a trascenderlas.

Tuve el privilegio de conocer a Isana Mada y estar en estrecha relación con ella durante más de catorce años, hasta su fallecimiento. Aunque durante muchos años he sido capaz de procesar mi vida y mis experiencias a través de estas enseñanzas, es solo durante los últimos años que las enseñanzas han descendido de mi cabeza a mi corazón. Como resultado, por fin he sido capaz de vivir naturalmente las enseñanzas en lugar de procesar mi vida a través de ellas, después del hecho.

Es a partir de esta profundización que este libro ha nacido. Mi deseo más sincero es que te ayude a iluminar tu camino y avanzar en tu proceso de auténtica auto expresión.

Lohan

Nota Para El Lector

Es mi intención en este trabajo impartir enseñanzas que puedan ayudar al lector a participar en sus relaciones con un nivel más alto de conciencia. Mi deseo es que amplíe tu perspectiva, ayude a tus relaciones y contribuya a tu sentido más profundo de libertad personal.

A lo largo del libro, comparto historias de mi propia vida, así como historias ficticias, creativas, que sirven como ilustraciones para aclarar. Resulta que soy un hombre gay, por lo tanto, la mayoría de las historias involucran a dos hombres. No pretenden desafiar los principios o creencias del lector. Si prefieres que las historias reflejen tu inclinación particular, siéntete libre de cambiar el nombre o los nombres en tu mente a medida que lees. Les pido que no permitan que ninguna preferencia se interponga en el camino de las enseñanzas que podrían hacer una diferencia real en sus relaciones y en su vida.

En mi juventud y hasta bien entrados los veinte, viví una vida de ocultar quién soy, de tener que ser sensible a las creencias de otras personas sobre lo que está bien y lo que está mal, y de tener que ajustar mi naturaleza auténtica para ser mejor aceptado por el "status-quo". Nuestras preferencias son solo una pequeña parte de lo que somos; Aun así, no deberíamos

14

tener que esconder ninguna parte de nosotros mismos para que los demás nos acepten.

Esta obra es una expresión auténtica que se escribió a través de mí, y como tal, no cambiaré su naturaleza para ajustarme o adaptarme a la forma particular de ser o pensar de ninguna persona. Siento que eso es lo que nos ha metido en problemas en el pasado y nos ha impedido ser nosotros mismos.

Agradecimientos

Agradezco a cada persona que ha llegado a mi vida; ya sea por un minuto, una hora, una temporada o una vida para ayudarnos mutuamente en nuestro viaje hacia la iluminación. Todos los que entran en nuestras vidas, entran solo con ese propósito, seamos conscientes de ello o no.

También quiero ofrecer mi agradecimiento especial a aquellas almas que están más cerca de mí, y que me han permitido el espacio para ejercer mi ser más auténtico y han estado conmigo a través de este proceso en los buenos momentos y también durante los difíciles. Sin su presencia en mi vida, seguramente me habría perdido.

Lo más importante es que no pasa un día en el que no sienta el impacto de la presencia de mi maestra espiritual en mi vida. A pesar de que han pasado cerca de veinte años desde su partida del reino físico, siento su presencia conmigo todos los días. Es muy raro, de hecho, en este planeta tan confuso, complicado y diverso, encontrar otra alma alrededor de la cual se pueda sentir completa seguridad para poder ejercer el Ser más vulnerable y saber, en el nivel más profundo, que tu mayor bien para la evolución espiritual está siendo servido. Isana Mada Grace Dhyana, más tarde conocida como Maia Dhyan en el momento de su fallecimiento, fue esa otra alma para mí en esta vida. Ella me ayudó a crear mi propia relación personal y mi camino hacia Dios y nunca presumió de ser la única a través de la cual existía esa conexión. Así que mi mayor agradecimiento y gratitud es para Maia y lo que ella representa en mi vida, mi evolución consciente y mi conexión personal con Dios.

Introducción

Escribí este libro con las relaciones románticas en mente, pero estas enseñanzas y prácticas funcionarán en cualquier tipo de relación personal. Sin embargo, estas enseñanzas solo funcionarán sobre una base de compromiso y deseo.

1.Compromiso

Ambas personas deben comprometerse a ser más conscientes. No puedes hacer el trabajo de crecimiento personal para nadie más. Por lo tanto, es vital que te comuniques con tu pareja, amigo o familiar y llegues a un acuerdo entre ambos de que ambos se comprometen a hacer los cambios que exige la autoconciencia. También es importante revisar ese acuerdo de vez en cuando, para recordarse mutuamente que están en el mismo equipo y que todavía están dispuestos a cumplir con ese compromiso.

2.Deseo

Ambas personas necesitan querer estar en su relación y trabajar en ella. Esto sucede principalmente con los miembros de la familia con los que sentimos la obligación de estar en relación, pero no necesariamente el deseo. Estas enseñanzas no funcionarán para hacer más claro este tipo de relación. Haz lo mejor que puedas, pero no esperes mucho. Llegué a entender esto como resultado de no ser capaz de emplear las enseñanzas en una relación particular. Esta fue una realización difícil para mí, y me trajo mucha tristeza, pero en ese momento tuve que admitirme a mí mismo que no estaba realmente interesado en tener una relación con ellos. Sin embargo, me dio la claridad de por qué no podía practicar las enseñanzas en este caso. En este tipo de relaciones, encontraremos muchas oportunidades para expresar nuestra verdad, y es posible que nuestros sentimientos hacia ellas cambien. Si continuamos con nuestro compromiso de ser nosotros mismos la verdad y venimos de un lugar transparente y abierto al relacionarnos con ellos, podemos sanar los problemas en el proceso y recrear la relación.

Recuerde, todos tenemos derecho a tomar nuestras propias decisiones, siempre y cuando no incluyan dañar a otros. Ser auténtico nunca incluirá esto. Ninguno de nosotros está obligado a estar o trabajar en ninguna relación. Esa es totalmente nuestra elección.

Espero que encuentres la información y las prácticas de este libro útiles y aplicables en tu vida. Además, recuerda que nuestra capacidad de comprensión cambia con el tiempo, y si eliges releer este texto, probablemente te darás cuenta de cosas que no absorbiste de tu lectura anterior.

Les deseo un maravilloso viaje del ser. El viaje del héroe.

INDICE

Capítulo 1

Nuestro Libro de la Vida Viene en Blanco

Los expertos coinciden en que desde que nacemos hasta los siete años estamos todos en un estado semi hipnótico. Una parte de nosotros está participando en los eventos que la vida nos presenta y otra parte está en "modo observador", aprendiendo a operar en este extraño mundo en el que nos encontramos. En este estado semi hipnótico, todo es observado y registrado por la mente subconsciente.

La mayoría de nosotros somos traídos a este mundo por padres a los que no se les ha enseñado cómo comunicarse de manera efectiva. No saben cómo procesar y expresar sus emociones, cómo ser una expresión auténtica de su Yointerior o cómo mantener y hacer el trabajo de las relaciones funcionales. Seamos realistas, estos son temas que históricamente no se han abordado en la escuela. Todos tenemos que aprender estas habilidades más básicas de la vida por nuestra cuenta. A algunas personas les va bien y a otras les va poco.

Como resultado, la gran mayoría de nosotros hemos estado expuestos a muchas experiencias traumáticas en nuestra infancia, que conducen a condicionamientos negativos que afectan nuestra visión de la vida. Recuerde también, que como niños no tenemos las herramientas o la capacidad para procesar lo que está sucediendo de una manera informada y consciente. Si papá no está, nos sentimos abandonados. No podemos racionalizar que papá tiene que trabajar para que podamos comer. No podemos entender que papá nos esté amando y cuidando. Pensamos que papá no está porque papá no nos ama. Creemos que no debemos ser dignos de Amor. Y, si Dios no lo quiera, mamá y papá se separan, un niño piensa: *Papá me dejó. Él no me ama. No debo ser digno de amor.*

Así que no son solo las experiencias negativas, sino también las experiencias negativas percibidas las que comienzan a escribirse en nuestras páginas de vida. Lo más probable es que también tengamos muchas experiencias agradables y felices. No los olvidemos. Los llevamos todos con nosotros. De hecho, cada momento de nuestras vidas está almacenado en nuestra base de datos de memoria. Así es como se escriben nuestros primeros capítulos en nuestro propio libro de la vida. Pero hasta que no empecemos a identificar la diferencia entre cómo nos sentimos realmente y nuestros ideales y comportamientos aprendidos, inconscientemente volveremos a esos primeros capítulos, y serán un marco de referencia para nuestras actitudes, elecciones y acciones.

Te daré un ejemplo. Cuando tenía casi veinte años, salí con Carlos durante unos meses. Nos reuníamos sobre todo los fines de semana. Rara vez discutíamos y nuestra relación era mayormente amorosa y afectuosa. Cuando tuvimos algún que otro desacuerdo, lo resolvimos con relativa rapidez. En algún momento de la relación, Carlos comenzó a no cumplir con los planes que habíamos hecho. Después de que esto sucediera varias veces, lo tomé como una señal de que ya no estaba interesado en continuar nuestra relación, y nos reunimos para resolver las cosas. Le dije que pensaba que ya no vernos más. Me preguntó: "¿Por qué?" Yo le respondí: "Es lo que estás demostrando que quieres al plantarme y no cumplir nuestros planes". Su respuesta fue tan insignificante, tan indiferente que no puedo recordar lo que dijo. Terminé nuestra relación en ese mismo momento. No sin sentir la tristeza y la pérdida de este hombre en mi vida, pero esa es otra historia.

> "*Así que no son sólo las experiencias negativas, sino también las experiencias negativas percibidas las que empiezan a escribirse en las páginas de nuestra Vida*"

Lo sorprendente es que unos catorce años después me encontré con Carlos en un restaurante donde trabajaba. Me alegré mucho de verlo y quería saber sobre el enorme espacio en blanco desde la última vez que nos vimos. Lo invité a mi apartamento después de su turno para ponerse al día y le prepararía una cena. Aceptó. Pasamos el tiempo contándonos los caminos que nos habían llevado nuestros viajes de vida. Nuestras vidas nos habían dirigido a través de rutas indirectas llenas de turnos que ningún GPS podría haber predicho o sugerido. Me sentí muy feliz de saber de él, y pude sentir lo mismo en él.

En un momento me preguntó: "¿Sabes por qué nos separamos?".

—¿Por qué? —pregunté.

"Me crie en un ambiente muy conflictivo y mi familia siempre estaba peleando y discutiendo. Pensé que así era como se suponía que debían ser las relaciones. Nunca peleaste conmigo, así que pensé que no me amabas".

Esa noche comprendí plenamente lo mucho que nuestra educación ensombrece la forma en que percibimos las cosas.

> **"***Filtramos nuestra realidad a través de matices de observaciones y conclusiones anteriores. La mayoría se forman hasta los siete años. Estas experiencias fundacionales se convierten en los eslabones primarios de cadenas de experiencias similares.***"**

Tuve una educación casi opuesta. Mis padres nunca discutieron delante de nosotros. De hecho, recuerdo que mis padres hablaron en tono serio solo una vez. Probablemente tenía nueve o diez años, estaba sentado en el asiento trasero del coche y me sentía muy triste, llorando en silencio porque me daba cuenta de que no estaban contentos el uno con el otro. Estaba tan poco acostumbrado a que no sean amorosos el uno con el otro. Por muy bonito que suene, ahora me doy cuenta de que me privaron de aprender desde el principio sobre la resolución saludable de conflictos.

Una vez que aprendemos algo, se almacena en la mente subconsciente y no tenemos que volver a aprenderlo. Así es como funciona el deporte. Tomemos el voleibol. Hacemos nuestros ejercicios hasta que se convierten en algo natural. Golpeamos, establecemos, remetimos, practicamos diferentes jugadas, defensivas y ofensivas. Y practicamos y practicamos y practicamos hasta que las obras se convierten en parte de nuestra memoria corporal, almacenadas en nuestro subconsciente. Una vez que aprendemos las técnicas básicas, no tenemos que pensar en lo que estamos haciendo. Nos volcamos de lleno en la pelota y respondemos a ella con lo mejor que nuestro cuerpo puede reunir. Del resto nos encargamos a partir de estar presente mediante este enfoque.

Si tuviéramos que detenernos a pensar cuántos elementos intervienen en el lanzamiento de una pelota de voleibol por encima de la red, el juego se detendría al considerar dónde está colocada la pelota, cómo la moverá el viento, cuál es la mejor manera de hacer nuestra aproximación, cuándo elegimos saltar, cómo golpeamos la pelota cuando cae rápidamente para hacer un contacto sólido, dónde elegimos dirigir la pelota (apuntar) y muchos más detalles que nuestra mente subconsciente procesa en una fracción de segundo.

Funciona de la misma manera con nuestro libro de la vida. Los primeros capítulos nos han dado una plantilla, y a medida que avanzamos en nuestras vidas usando esa plantilla, repetimos comportamientos, actitudes, adicciones y elecciones que tallan surcos profundos en nosotros mismos. Es por eso por lo que resulta tan difícil no caer en viejos patrones, porque es como si la gravedad nos deslizara hacia esos surcos sin nuestro permiso o conciencia, por lo que volvernos más conscientes en nuestras vidas es una práctica. A veces nos metemos en esas ranuras y tenemos que limpiar el desorden de nuevo. Pero a medida que practiquemos, mejoraremos cada vez más, y a veces incluso nos daremos cuenta de que no nos resbalamos a pesar de que estábamos justo en el borde de ese surco.

Entonces es cierto, comenzamos con páginas en blanco en nuestro libro de la vida, y rápidamente se escribe sobre ellas a medida que nuestra vida se desarrolla. Pero esas páginas no están escritas con tinta indeleble. Podemos editar y cambiar nuestros patrones inconscientes aprendidos haciendo que el inconsciente sea consciente. Esto requiere coraje, determinación y la voluntad de ser brutalmente honestos en nuestra autorreflexión. Nuestro compromiso con esa elección será llevado dentro de nuestro ser. Mientras tanto, recuerda perdonarte a ti mismo por las imperfecciones. Trátate a ti mismo con amor y amabilidad. Consuélate cuando te quedes corto, asume la responsabilidad haciendo control de daños y esfuérzate siempre por hacerlo mejor la próxima vez.

Capítulo 2

El Cociente de Experiencia—Cambiando Nuestras Percepciones

¿Cómo se crean y forman nuestras experiencias? Desde mi punto de vista, las experiencias son 0.01 % de contenido y 99.99 % de percepción. El contenido son los acontecimientos reales de la experiencia y la percepción es cómo filtramos, vemos o interpretamos el contenido. Así que, en esencia, nuestra percepción es lo que crea nuestra experiencia.

Pablo, **Susana**, **Claudio** y **Benicio** están atrapados en un ascensor en la oscuridad, entrepisos, durante dos horas. El "contenido" es el mismo para las cuatro personas. "Están atrapados en un ascensor en la oscuridad, entrepisos, durante dos horas. "

Pablo es claustrofóbico, lo que causa diversos grados de pánico en forma de miedo y ansiedad. Esto hará que tenga una experiencia muy traumática.

Susana se perdió su meditación matutina y ahora se está tomando el tiempo para meditar y centrarse. Esto le ayudará a crear una experiencia pacífica.

Claudio está en camino para asistir a una importante reunión de negocios, y su presencia allí podría determinar el éxito de la empresa financiera a la que pertenece la reunión. Esta situación podría hacer que llegue tarde y tal vez incluso se pierda esta importante reunión por completo.

Para colmo, su teléfono celular no tiene recepción en el ascensor y no puede comunicarse con su jefe para informarle lo que está sucediendo. Es probable que esto cree una experiencia ansiosa e incierta con un alto nivel de frustración.

Benicio no tiene ningún lugar en el que tenga que estar. Iba a trotar, pero se siente aburrido y tiene la sensación de no aprovechar al máximo su tiempo. Lo que podría crear una experiencia vacía y sin sentido.

Como puedes ver, la percepción que cada persona tiene de lo que está sucediendo crea su experiencia.

¿Podemos realmente cambiar la forma en que percibimos un acontecimiento para cambiar nuestra experiencia? La respuesta es sí. Podemos usar nuestro diálogo interno, que trata de tener sentido y tal vez incluso ver el panorama general del suceso para cambiar nuestra percepción y cambiar nuestra

31

experiencia.

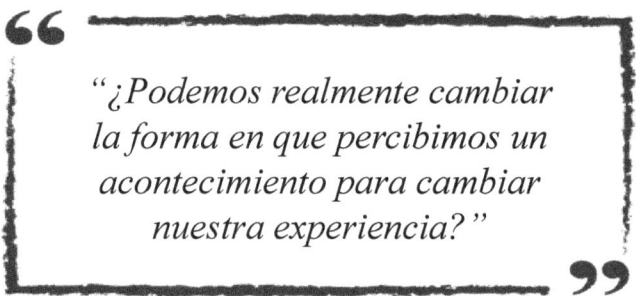

> *"¿Podemos realmente cambiar la forma en que percibimos un acontecimiento para cambiar nuestra experiencia?"*

Si no hacemos una elección consciente en nuestra percepción, esta elección será determinada por nuestro subconsciente. Tal vez se desencadenen experiencias pasadas negativas que podrían ser dolorosas y provocar una reacción negativa que va de leve a extrema. O puede que no tengamos ninguna experiencia negativa desencadenada.

En esta historia real, Joaquín y Mateo se conocieron en una noche fresca de octubre. Chatearon en una aplicación de citas, tuvieron una larga conversación telefónica y luego decidieron conocerse en persona. Después de un mes de noviazgo, romance e intimidad muy intensos, era obvio para ambos que esta sería una relación significativa. Mateo estaba montando su bicicleta desde la casa de un amigo una noche cuando la pernera de su pantalón quedó atrapada en la cadena y lo hizo perder el equilibrio. Cuando cayó, su dedo gordo del pie derecho golpeó el bordillo con fuerza y le causó una fractura limpia a través del hueso. Mateo era un cartero empleado temporal en la oficina de correos local y, por supuesto, no podía trabajar mientras su dedo del pie se estaba curando. Esto tomaría de seis a ocho semanas. Desafortunadamente, su supervisora no simpatizaba con Mateo, y usaría cualquier excusa para despedirlo. Al parecer, a ella nunca le gustó su naturaleza jovial y despreocupada. A pesar de que él la llamaba periódicamente para mantenerla informada, después de un mes, recibió una carta rosa y fue despedido. La causa alegada fue "ausencia prolongada y no reportarse", lo que por supuesto no era cierto. Llamó al sindicato de empleados e inicialmente le dijeron que no tenía ningún recurso. A un empleado temporal se le garantizaban solo cuatro horas de trabajo al día, lo que significaba que había acumulado muy pocos días de enfermedad a pesar de haber trabajado para la oficina de correos durante casi dos años. Su escasa paga por enfermedad no era suficiente para llegar a fin de mes. Estaba acostumbrado a trabajar entre cincuenta y sesenta horas a la semana, incluidas las horas extras, y vivía el tipo de estilo de vida en el que gastaba la mayor parte de su salario. En el momento que Mateo recibió la carta de despido, estaba atrasado en el pago de su automóvil y vivía de su último mes de alquiler.

Cuando la conmoción inicial disminuyó, Joaquín le preguntó a Mateo si quería mudarse con él, abierto a la realidad de la situación financiera de Mateo. Estuvieron de acuerdo en que, aunque parecía rápido, parecía que el universo estaba conspirando para mantenerlos juntos, lo que hacía que este arreglo fuera una solución obvia al problema. Un par de semanas después de mudarse, ya que Mateo no podía trabajar, decidieron conducir por todo el país para dejar de pensar en el problema y hacer un viaje romántico. Después de todo, todavía estaban en el comienzo de su relación y ambos estaban "enamorados". El viaje estuvo lleno de aventuras, y ambos estaban teniendo nuevas experiencias juntos que fortalecieron su conexión. Después de casi tres semanas, estaban de vuelta en casa con el dedo del pie de Mateo curado. Fue entonces cuando la realidad de sus problemas financieros comenzó a establecerse.

> **66** *Al utilizar su mente crítica para determinar cómo podría haber manejado una situación, puedes obtener información sobre las percepciones y conclusiones básicas que contiene su mente subconsciente y cómo éstas pueden estar afectando a su realidad actual de la vida.* **99**

Me tomo un momento ahora para hablar con usted, el lector. ¿Hacia dónde crees que se dirige la situación entre Joaquín y Mateo? ¿Crees que se han metido en esta situación demasiado pronto? ¿Crees que los problemas financieros que trae Mateo van a causar un conflicto entre ellos y terminarán en un desastre? ¿O crees que ambos tienen la madurez para llevarlo a cabo? Usa tu mente crítica para determinar cómo podrías haber manejado esta situación hasta este punto. Haz una evaluación de las posibilidades que podrías prever y cómo podrías reaccionar o sentirte como Joaquín, y luego como Mateo.

Esto es lo que realmente sucedió. Un día, Mateo le dijo a Joaquín: "Estoy muy deprimido, no tengo trabajo, no tengo mi propio automóvil ni apartamento. Me siento muy mal".

Joaquín, que tenía la perspectiva de que siempre hay oportunidades en cada experiencia, dijo: "No veas esto como algo malo. Míralo como una oportunidad. ¿Qué es lo que siempre has querido hacer en tu vida?"

Mateo no lo dudó. "Siempre quise tener mi propia agencia de viajes".

"Está bien", dijo Joaquín, "¿qué tienes que hacer para abrir una? No te preocupes por pagarme por vivir aquí; De todos modos, he estado pagando todo por mi cuenta hasta ahora. Tu presencia aquí no va a suponer una gran diferencia para mí desde el punto de vista financiero. Usa tu dinero de desempleo y toma las medidas necesarias para abrir tu negocio. ¿Qué licencias necesitas? ¿Cómo quieres llamar a tu empresa? Hagamos una lluvia de ideas sobre un nombre".

Mateo abrió su agencia y, aunque tardó un tiempo en despegar, se convirtió en una empresa exitosa. Han pasado quince años desde que abrió ese negocio y sigue prosperando. Ah, y volvió a ponerse en contacto con el sindicato de empleados. Después de once meses, a Mateo le pagaron todos los salarios atrasados que se le debían y le ofrecieron recuperar su trabajo, que decidió rechazar. A pesar de que la relación de Joaquín y Mateo terminó después de diez años, todavía están en la vida uno del otro y se consideran familia.

Tómate otro momento ahora para pensar en lo que te preguntaré. Al escuchar el resto de su historia y cómo resultó, ¿ha cambiado tu percepción de Joaquín, Mateo o su relación? Tal vez al principio, pensabas que eran tontos por precipitarse hacia una realidad desconocida, pero ahora puedes ver la perfección de su proceso.

El sentido de esta historia es doble.

> **1.** Que podamos sacar una conclusión o juicio inicial basado en lo que hemos experimentado o en cómo percibimos una situación. Más adelante, sin embargo, podemos cambiar la forma en que vemos la situación

como resultado de cómo se desarrolla.

2. Que es totalmente posible cambiar nuestra percepción y, como resultado, cambiar nuestra experiencia. En esa conversación, Joaquín le ofreció a Mateo una forma diferente de ver la realidad de su vida. Mateo podría haber optado por permanecer atrapado en su percepción; Solo él podía tomar la decisión de cambiar. Aceptó la forma en que Joaquín pudo verlo e incluso aceptó que Joaquín asumió la carga de los gastos para facilitar esta posibilidad.

¿Hay alguna circunstancia en tu vida con la que no esté satisfecho? Si es así, pregúntese cuál sería una forma más amplia y expandida de ver esto. Fíjate si tu mente está firme e inflexible. Si es así, simplemente vive en la pregunta y ve si algo se te ocurre cuando menos lo esperas. Recuerda, hay innumerables maneras de ver cualquier realidad.

Pruebe esta práctica efectiva: tome una circunstancia, real o imaginaria, y mírela como si fueran personas diferentes con diferentes mentalidades y diferentes agendas. Desafíate a ti mismo para ver qué tan flexible puedes ser mentalmente y cuántos puntos de vista diferentes se te ocurren. Incluso puedes hacer de esto un juego y jugarlo con tus amigos. ¡Es divertido!

> *Al desafiarte a ti mismo para ver lo flexible que puedes ser mentalmente y cuántos puntos de vista diferentes se te ocurren, amplías tu mente y tu capacidad de percibir la realidad de tu vida.*

Capítulo 3

Resentimiento es Una Mala Palabra

Para entender los resentimientos, también debemos hablar de un primo cercano: la decepción. Aunque podamos experimentarlos independientemente unos de otros, muchas veces recorren los caminos de nuestra psique de la mano. Ciertamente, pueden hacer que sintamos emociones similares.

*"La decepción es la **emoción negativa que sientes cuando un resultado no está a la altura de tus expectativas.** Caracterizado por sentimientos de **tristeza, pérdida, ira y frustración..."** (mensline.org.au, September 2023 https:// mensline.org.au/how-to-deal-with-anger/how-to-deal-with-disappointment/)*

*"El resentimiento describe una **reacción emocional negativa al ser maltratado.** No hay una sola causa de resentimiento, pero la mayoría de los casos involucran un sentimiento subyacente de ser **maltratado o agraviado** por otra persona."* (webmd.com, September 2023 *https://www.webmd.com/ mental-health/signs-resentment)*

¿Cómo se manifiestan la decepción y el resentimiento en las relaciones? La mayoría de nosotros traemos muchas expectativas a nuestras relaciones, y la mayoría de estas expectativas están determinadas por lo que necesitamos y queremos del otro. En otras palabras, cómo "debería" comportarse nuestra pareja. Seamos realistas: nadie entra en una relación sin querer o necesitar algo. Incluso la simple compañía vendrá con nuestro conjunto único de parámetros y condiciones. La mayoría de estos están determinados por la forma en que descargamos nuestra programación sobre "cómo hacer la vida", que comenzó cuando nacimos hasta alrededor de los siete años. Si hemos hecho un trabajo extenso sobre nosotros mismos, nuestras expectativas podrían ser considerablemente menores.

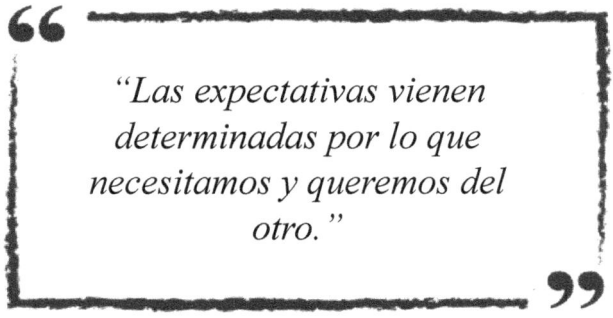

"Las expectativas vienen determinadas por lo que necesitamos y queremos del otro."

Digamos que, en nuestra relación, una de nuestras expectativas no se está cumpliendo. Por ejemplo, sentimos la necesidad de tener una validación constante por parte de nuestra pareja. Esto nos provoca un grado de decepción, que irá acompañado de algún tipo de experiencia emocional. Nuestra decepción es causada por expectativas que, con toda probabilidad, están coloreadas por nuestro pasado y cómo percibimos que las cosas "deberían" ser. Debido a que nuestra percepción es lo que determina nuestra experiencia, necesitamos darnos cuenta de que a menudo estamos teniendo una reacción emocional no solo a lo que realmente está sucediendo en el momento presente, sino a experiencias similares anteriores. Es probable que la energía emocional de estas experiencias pasadas nunca se haya liberado al actuar y responder de una manera auténtica, honesta y vulnerable. Como resultado, esta energía en realidad tiene un efecto amplificador en la situación actual.

Si, por el contrario, hemos hecho un trabajo extenso sobre nosotros mismos y nos procesamos para que asumamos la responsabilidad de nuestros propios sentimientos, pensamientos y emociones, sentimos principalmente las emociones relacionadas con el hecho de que no se cumplan nuestras expectativas en la experiencia actual. En cuyo caso, somos capaces de culpar menos a nuestra pareja por nuestras expectativas incumplidas. Este auto procesamiento también nos ayudará a descifrar lo que necesitamos comunicar, si es que necesitamos comunicar algo, para liberar las emociones que surgen.

Cuando no asumimos la responsabilidad de nuestras reacciones emocionales y culpamos a la otra persona porque no cumplió con nuestras expectativas, es seguro que seguirá el resentimiento. Si nos aferramos a la percepción de que nuestras expectativas de nuestra pareja son realistas y válidas, también tendremos la percepción de ser maltratados o agraviados por esa otra persona. Y aquí viene de nuevo el resentimiento.

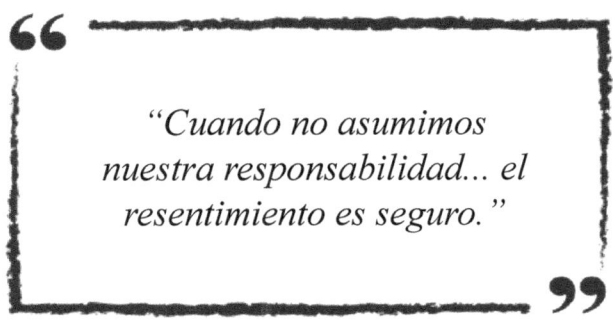

> *"Cuando no asumimos nuestra responsabilidad... el resentimiento es seguro."*

Curiosamente, en realidad no tenemos que ser maltratados para sentir que estamos siendo maltratados. Si percibimos maltrato, experimentaremos maltrato. Por lo tanto, es muy importante cuando nos relacionamos con otra persona tener una medida consciente de cuánta culpa le estamos echando por nuestra decepción. Y ten en cuenta que ese grado de culpa generará el mismo grado de resentimiento.

> *"Nuestra decepción está causada por expectativas que, con toda probabilidad, están teñidas por nuestro pasado y por cómo percibimos que "deberían" ser las cosas..."*

Muchos de nosotros pensamos que el resentimiento es una mala palabra, algo que no deberíamos sentir o que estamos equivocados en sentir. El resentimiento, sin embargo, es una parte natural de estar decepcionado si también sentimos alguna cantidad de culpa hacia alguien por esa decepción. El resentimiento no es una mala palabra, ni somos malas personas porque tenemos resentimientos. La mayoría de nosotros caminamos con un alto grado de resentimiento inconsciente. Y si nos damos cuenta de que hemos etiquetado el resentimiento como una mala palabra, probablemente tengamos más escondido de lo que podemos imaginar. Esto sucede porque nunca nos permitimos aceptar que somos capaces de resentimientos, lo que los hace imposibles de despejar.

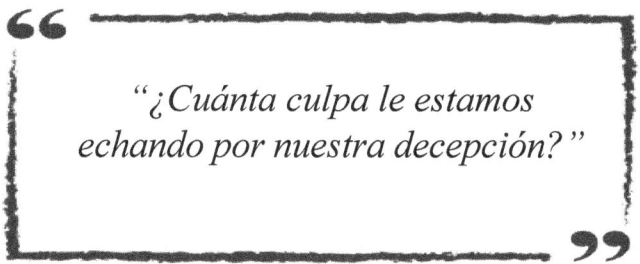

"¿Cuánta culpa le estamos echando por nuestra decepción?"

Es extremadamente importante en una relación no dejar que los resentimientos se acumulen. En los primeros días, a menudo estamos abrumados por el amor que sentimos y que nuestros resentimientos son demasiado pequeños e insignificantes para darles voz. Además, a veces tenemos miedo de arriesgar la relación o causar un malestar. Pero no te engañes. El verdadero riesgo es aferrarse a los pequeños resentimientos y dejarlos crecer. Se acumularán con la misma seguridad con la que el polvo se acumula en sus muebles. Y si esto continúa el tiempo suficiente, ninguna cantidad de pulidor de muebles podrá borrarlo. Serán tan difíciles de identificar individualmente que tendrás que rasparlos en grandes secciones de resentimientos pegajosos similares. Es mucho más fácil hacer el trabajo desde el principio.

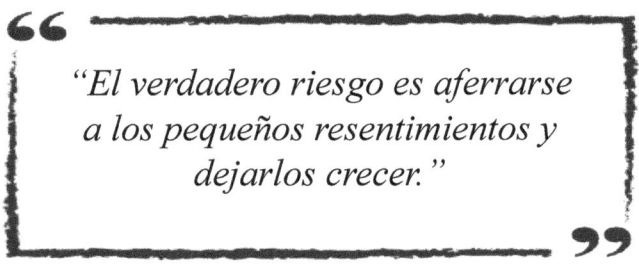

"El verdadero riesgo es aferrarse a los pequeños resentimientos y dejarlos crecer."

Por favor, sepan esto: cuantos más resentimientos construyamos, menos espacio o capacidad de Amor tendremos para la persona contra la que guardamos esos resentimientos. Una vez que seamos capaces de expresar nuestros resentimientos, asumiendo tanta responsabilidad por nuestros sentimientos, pensamientos y emociones como podamos y despejándolos, volveremos a sentir amor y conexión con nuestra pareja.

Por supuesto, no estamos trabajando en nuestros resentimientos en el vacío. Cuando estamos limpiando nuestros resentimientos, debemos tener en cuenta que podemos decir cosas de una manera que desencadene el pasado no resuelto de nuestra pareja. Las relaciones tienen una forma de conectarnos con el viejo bagaje de nuestro pasado. Todos hemos acumulado numerosos equipajes registrados y bastantes equipajes de mano. Así que, sin darnos cuenta, sacaremos algo de la maleta de nuestros socios.

Probablemente será algo sin lavar y maloliente. Prepárate para esto. Hagan un acuerdo entre ustedes para que hagan el trabajo de mantener un espacio limpio y libre de polvo.

> **"** *"Las relaciones tienen una forma de conectarnos con el viejo equipaje de nuestro pasado."* **"**

Hablaremos de despejar el espacio en otro capítulo. Este capítulo tiene la intención de ayudarnos a aceptar que todos somos capaces de crear y aferrarnos a los resentimientos. Si tenemos otro tipo de pasado emocional que no sea perfecto, nos desencadenaremos y culparemos a los demás hasta que no lo hagamos. Se necesita un megatón de práctica y hasta que estemos cien por ciento claros, todos estamos todavía en el proceso de limpieza. Así que, por favor, acepte que el resentimiento puede no ser una palabra agradable, pero no es mala. Date permiso para tener tus resentimientos, límpialos y vuelve al amor lo antes posible.

¿Eres consciente de algún resentimiento que tengas contra alguien en tu vida? El primer paso después de identificar un resentimiento es preguntarse si es el resultado de una expectativa irrazonable. Si es así, naturalmente se aclarará por medio de esta comprensión. Si no es así, ¿sería posible aclarar estos resentimientos con ellos en un diálogo Abierto? Haz una lista de cualquier resentimiento al que puedas aferrarte y, después de leer el capítulo sobre la limpieza del espacio, intenta acordar una limpieza con cada persona. Hazlo con la mayor cantidad de información posible para que la persona no se sienta sorprendida. Haz tu mejor esfuerzo para asumir la responsabilidad de tus sentimientos y percepciones. Mantente consciente de cuánto amor tienes hacia esta persona antes y después de la limpieza para medir cualquier cambio.

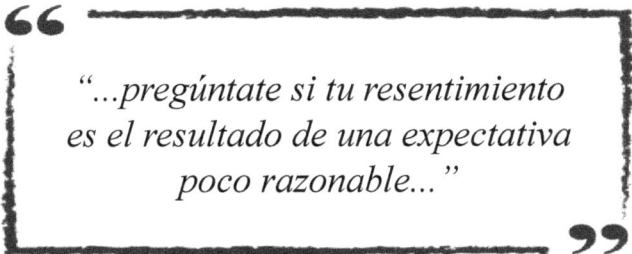

"...pregúntate si tu resentimiento es el resultado de una expectativa poco razonable..."

¿Qué tan pronto podemos volver al amor? Esa es la verdadera prueba.

> *"Date permiso para tener tus resentimientos, límpialos y vuelve al Amor lo antes posible."*

Capítulo 4

A Todo el Mundo le Gusta la Luna de Miel

En este planeta de casi ocho mil millones de personas, parece imposible que alguien pueda sentirse solo y, sin embargo, informes recientes nos dicen que muchas personas están experimentando la soledad. Además, hasta donde sabemos, nunca ha habido un momento en nuestra historia en el que los acontecimientos en el otro lado del planeta estén disponibles instantáneamente para nuestra visualización. Tenemos conocimiento ilimitado al alcance de la mano y una multitud de plataformas para compartir nuestros pensamientos, sentimientos y puntos de vista. Entonces, ¿cómo puede ser que alguien llegue a sentirse aislado y separado?

Para responder a eso, comencemos explorando la función de nuestros egos. El ego es una parte necesaria de nuestra capacidad de existir y operar en esta realidad física. El ego es nuestra personalidad intrínseca. Nos proporciona nuestra expresión única e individual en este mundo. La función del ego es darnos un sentido separado del Ser. Sin el ego seríamos incapaces de expresar nuestra impronta personal en el ser que irradia en esta vida física.

Me gusta usar una analogía de nuestros egos siendo joyas de diferentes tamaños, formas y colores, y nuestro Yo superior o nuestro Yo espiritual siendo la luz del sol. Cuando sostenemos estas estructuras transductores de luz hasta la iluminación del sol, veremos diferentes proyecciones de luz brillando a través de ellas. Cada uno tendrá un color, intensidad y patrón diferente. Nuestra luz espiritual, la parte de nosotros que existe fuera de la realidad física, está conectada con el Todo.

Esta luz brilla a través de nuestro ego, que es nuestra joya única, y proyecta esta luz en nuestro plano físico. Ningún otro ser posee exactamente la misma joya que la nuestra. Es la huella espiritual que dejamos en la superficie de esta realidad.

Ahora agreguemos otro elemento a esto. Debido a que todos recibimos algún nivel de daño psicológico en nuestros años de formación, nuestra joya también se daña. Se raya, se mancha, se ocluye y se agrieta. Estos defectos también son únicos para nosotros porque ninguna otra persona ha pasado por las experiencias exactas que nosotros hemos pasado o las ha filtrado de la misma manera. Las imperfecciones que hemos adquirido a lo largo de nuestra vida distorsionan, bloquean y disminuyen la luz que de otro modo brillaría claramente a través de nuestra joya.

El verdadero problema, sin embargo, es que pensamos que somos nuestro ego. Nos identificamos con nuestro ego en lugar de ser únicamente un instrumento de expresión. Dado que nuestra conexión con nuestra luz está ocluida por nuestro trauma y dado que la función del ego es tener un sentido del Ser individual, una identidad separada, nos sentimos aislados y solos. Nos identificamos tan absolutamente con nuestro yo dañado que somos incapaces de sentirnos a nosotros mismos como algo más que ese daño.

> "Ningún otro ser posee exactamente la misma joya que la nuestra. Es la huella espiritual que dejamos en la superficie de esta realidad."

Nuestro ego dañado está formado por nuestros condicionamientos pasados y experiencias dolorosas no resueltas, percibidas o reales. Y nuestro ego siempre está tratando de protegerse de futuras experiencias dolorosas, por lo que reacciona con miedo ante esa posibilidad. Se compone de protecciones, bloqueos y defensas inconscientes que son muy difíciles de atravesar para los demás. Pueden manifestarse como actitudes, expectativas, juicios y demandas fuertes. El modelo de Isana Mada Grace Dhyana del ego dañado en su libro, *"A Call to Greatness-A Spiritual Journey of Self-Discovery and Self-Expression-The Teachings of A Course In Congruence" Publicado por, Dhyana Press, Copyright Isana Mada 1994, página 208*, afirma, "El ego tiene ojos claros en el pasado y una visión tenue en el presente. Tiene una boca grande y ruidosa, que parlotea constantemente, pero con problemas de audición". La mente del ego tiene una acumulación de dolor inconsciente y trauma de nuestro pasado, y nunca sabemos cómo o qué se desencadenará y nos hará reaccionar.

Por supuesto, todos estamos en un espectro de identificación con nuestro ego dañado. Hemos tenido momentos de conexión con algo más, algo más grande que las limitaciones que hemos experimentado. Algunos de estos momentos son fugaces y otros son más duraderos, pero todos despiertan un anhelo de más conexión. Todos queremos sentirnos menos separados, menos solos y sentir esos momentos en los que nos compartimos con otros de resonancia similar.

> **"** *"Cualquier elemento de nuestra vida actual puede desencadenar dolores y traumas inconscientes de nuestro pasado. Puede ser algo tan sencillo como una palabra, una mirada, una actitud, un sonido o un olor."* **"**

Cuando encontramos a alguien con quien sentimos una conexión especial, nos vemos involucrados en la experiencia de enamorarnos y entramos en la "etapa de luna de miel" de una relación. Nuestro sentimiento de conexión y amor por el otro es tan fuerte que nuestro sentido individual del Ser se vuelve poroso. Nos fundimos en el espacio que creamos con el otro, y los límites de nuestro ego se desactivan temporalmente, hasta cierto punto. El tiempo cambia. Nos sentimos físicamente energizados y más expandidos, conectados e iluminados que nuestro estado normal de ser. Es embriagador, por lo que muchos de nosotros somos adictos a esta etapa inicial de una relación amorosa. El problema es que, cuando comienza a desaparecer, anhelamos esa experiencia de enamoramiento una vez más y vamos en busca del próximo subidón de libertad del ego.

Dado que nada dura para siempre, esta fase de luna de miel, en algún momento, comenzará a disminuir. A medida que esto ocurre, las pequeñas cosas que hace nuestra pareja que de alguna manera eran lindas y extravagantes se transforman en las cosas no tan pequeñas que ahora son irritantes y extrañas. En esta etapa es donde entra en juego el verdadero trabajo de una relación. Aquí es cuando necesitamos darnos cuenta de que la irritación y la rareza son en realidad un desencadenante, para que nuestro verdadero Ser limpie las energías emocionales negativas no resueltas de nuestro pasado. Cuando permitimos que las heridas pasadas del ego nos lleven a la reactividad, no somos capaces de liberar la energía emocional del desencadenante. Solo a través de la expresión auténtica somos capaces de liberar la energía emocional, no solo del momento presente, sino también de experiencias pasadas similares en las que no pudimos o no nos expresamos auténticamente. Con esto quiero decir que reconocemos lo que estamos sintiendo y lo comunicamos de manera que podamos ser escuchados. No a través de un ataque reactivo automático o de la defensa, sino expresando nuestros verdaderos sentimientos y apropiándonos de ellos. Esto requiere coraje y la voluntad de poner el cuello en la tajadera de la vulnerabilidad.

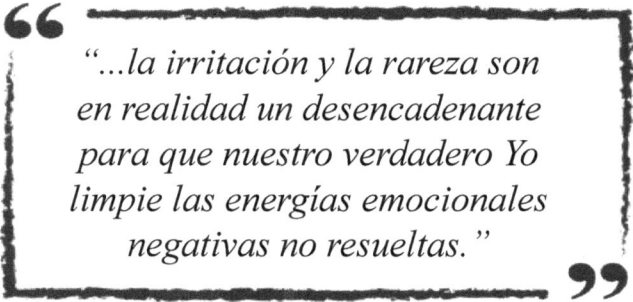

> *"...la irritación y la rareza son en realidad un desencadenante para que nuestro verdadero Yo limpie las energías emocionales negativas no resueltas."*

Sin embargo, si observamos de cerca esta práctica, encontramos su bendición. Vemos que es un regalo. Nos damos cuenta de que ser desencadenado es, en sí mismo, una oportunidad para limpiar nuestro pasado. Una vez que estemos dispuestos a ser autorreflexivos de una manera honesta, comenzaremos a sanar los defectos de nuestra joya y nuestra luz brillará más verdadera y brillante.

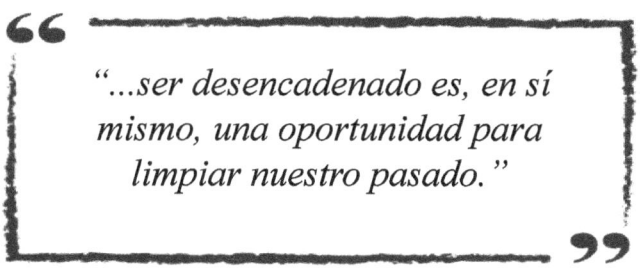

"...ser desencadenado es, en sí mismo, una oportunidad para limpiar nuestro pasado."

Todos nos servimos unos a otros al desencadenarnos unos a otros, lo que nos da oportunidades para evolucionar y ser más conscientes. Dejemos una cosa muy clara. Puede que no quieras oír esto, pero eso no lo hará menos cierto. Mientras culpemos a algo o a alguien fuera de nosotros mismos por algo, somos impotentes para cambiarlo. No tenemos poder para cambiar a nadie más o para controlar cómo se comportan o responden los demás. Solo podemos cambiarnos a nosotros mismos. Entonces, si nos enfrentamos a algo que nos causa malestar o desencadena una reacción emocional, es cuando miramos dentro de nosotros mismos para descifrar qué es lo que necesitamos expresar. Siempre tenemos que asumir la responsabilidad de nuestros propios sentimientos y emociones, incluso cuando los demás se comportan de manera horrible e inapropiada. Después de todo, ¿quién más está teniendo nuestras experiencias sino nosotros? Todo el mundo tiene su propio conjunto de experiencias que forman sus vidas individuales. Solo tenemos una opción cuando se trata de la nuestra.

Una vez que realmente comprendamos la lección de una experiencia en particular, probablemente nos daremos cuenta de que ya no atraemos este tipo de experiencia a nuestra vida. Y, aunque lo hagamos, no nos afectará de la misma manera que lo ha hecho. Incluso podemos sorprendernos de nuestra propia ecuanimidad frente a un desencadenante anterior. Si, por el contrario, estamos constantemente atrayendo el mismo tipo de personas y experiencias a nuestra realidad, entonces es hora de hacer todo lo posible para crecer a partir de ellas, para que podamos pasar a la siguiente lección.

Si experimentas una situación persistente que no puedes cambiar y que te está causando angustia emocional, pregúntate lo siguiente: ¿Cómo puedo elegir percibir esto de una manera que me cause menos angustia? Hay formas ilimitadas de ver una situación. Y dependiendo de cómo miremos algo, nuestra experiencia de ello cambiará.

A todo el mundo le gusta la luna de miel, pero si solo estamos dispuestos a vivir en la suite de la luna de miel, no estamos aprovechando al máximo las oportunidades intrínsecas a nuestro pasado inconsciente que sale a la superficie. Todo esto viene con el fin de sanar, porque nuestro pasado realmente quiere ser sanado.

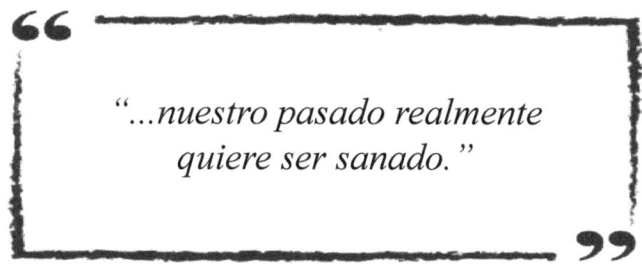

*"...nuestro pasado realmente
quiere ser sanado."*

¿Recuerdas cuando tuviste un malestar emocional y te diste cuenta en retrospectiva de que reaccionaste de forma exagerada? Este es un ejemplo de cómo tu ego dañado se activa y reacciona con la fuerza añadida de tu trauma y dolor pasados. A veces puede llevar mucho tiempo recuperarse de este desequilibrio. Otras veces es más rápido. Comiencen a notar cuánto tiempo les toma regresar a su Ser equilibrado y hagan todo lo posible para acortar ese tiempo. ¿Cuánto tiempo hemos perdido consumiéndonos y perpetuando nuestra reactividad?

Capítulo 5

El Equipo Ego Juega a la Defensiva

Ahora me gustaría profundizar en cómo el ego se mantiene como el actor principal en nuestras vidas. ¿Recuerdas cómo la joya de nuestro ego se ha rayado, manchado, ocluido y agrietado? Pues bien, cada vez que se activa uno de estos defectos, suele asociarse al dolor. La mayoría de nosotros estaríamos de acuerdo en que estamos naturalmente abiertos al placer y preferiríamos no experimentar dolor. Como resultado, nuestro frágil ego entra automáticamente en modo defensivo en el campo de juego de nuestras vidas, buscando y tratando de evitar el dolor. Esto sucede cada vez que nuestro frágil ego percibe una posible amenaza.

Cuando somos jóvenes y todavía estamos en las ligas menores, nuestras defensas son más obvias. Alguien osa meterse con nosotros, o nos pone un apodo e inmediatamente reaccionamos. Sin embargo, una vez que somos reclutados en las Grandes Ligas, nuestro repertorio de reacciones se vuelve menos evidente y más sutil. Hemos vivido una infancia practicando las artes defensivas y nos hemos convertido en expertos en estrategias defensivas que nos ayudan a ocultar la verdad.

> *"Hemos vivido una infancia practicando las artes defensivas y nos hemos convertido en expertos en estrategias defensivas que nos ayudan a ocultar la verdad."*

Algunas tácticas básicas de defensa que tenemos en nuestro arsenal: negación, justificaciones o razones, culpa, pasivo/agresivo, víctima o combativo, conflictivo, crítico y atacar o intimidar. Comienzan como un intento de protegerse y se convierten en un asalto externo. Todas estas son protecciones inconscientes. Incluso un ataque puede ser una estrategia defensiva. Reconocer nuestras tácticas defensivas puede resultar confrontativo e incómodo, pero debemos tomar conciencia de cómo se desarrollan en nuestras vidas si alguna vez queremos trascenderlas.

El primer paso para ser más conscientes es darnos cuenta de lo que hacemos que no es consciente. Por supuesto, es más fácil ver estas acciones defensivas en otras personas, pero una vez que nos damos cuenta de que todos tenemos egos dañados, podemos comenzar a aceptar que también hemos adoptado defensas automáticas.

Empecemos hablando de la negación. La negación es un arma fácil de reconocer. Todos lo hacemos y lo reconocemos en los demás. Pero la negación se vuelve más compleja cuando profundizamos un poco más y observamos la supresión y la represión. La supresión es cuando algo llega a nuestra conciencia y lo empujamos defensivamente hacia abajo. La represión es aún más profunda. Está tan empujado hacia abajo que ni siquiera sabemos que está ahí. Maia solía decir: "Todos necesitamos un poco de negación, solo para salir adelante". Hay cosas que suceden en nuestras vidas que necesitamos un tiempo para asimilar. A veces, nuestras psiques vulnerables no están dispuestas a aceptar las cosas en el momento en que ocurren e imponen un colchón protector o un amortiguador de tiempo, por así decirlo. En ese momento, o bien elegimos conscientemente negarnos a comprarnos algo de tiempo para integrar la realidad, o bien nuestra mente subconsciente la mantiene alejada de nuestro campo de conciencia hasta que estemos listos para verla.

Este es otro ejemplo de supresión y represión. Es un espectro de conciencia.

> **"*Hemos estado utilizando justificaciones o razones en nuestras vidas, incluso antes de que nuestro perro se comiera nuestra tarea.*"**

Hemos estado usando justificaciones o razones en nuestras vidas incluso antes de que nuestro perro se comiera nuestra tarea. Esto nos ha permitido inventar excusas para nuestro comportamiento y acciones inconscientes hacia nosotros mismos y hacia los demás. Los hemos utilizado como un arma defensiva para darnos una "salida" de asumir la responsabilidad de nosotros mismos y de las cosas que podríamos haber hecho mejor. Esta lista es interminable, como todos sabemos.

La culpa es otra defensa muy popular. Es muy fácil culpar a los demás por las cosas que suceden en nuestras vidas. Pero como discutimos antes, culpar a los demás nos hará impotentes, y nos encontraremos a nosotros mismos en el efecto de lo que sea que culpemos a los demás. Esto es lo opuesto a estar empoderado.

El comportamiento pasivo/agresivo es tan complicado que se han escrito volúmenes enteros sobre él. Es un mecanismo de afrontamiento que adoptamos cuando éramos niños pequeños solo para salir adelante. Lo cubriré con más detalle en el capítulo de comunicación, pero en lo que respecta a la defensa, lo describo como una actitud de distanciamiento. Como cuando lidiamos con las cosas retirándonos a una cáscara de silencio, excluyendo a los demás y silenciando nuestra propia voz. Es el equivalente a usar auriculares con cancelación de ruido y una mordaza sobre la boca. No entra ninguna comunicación y no sale. Una vez más, hay diversos grados de esto, ya que la mayoría de nosotros vivimos en escala de grises en lugar de blanco y negro.

Todos nos hemos hecho la víctima y hemos utilizado nuestra actitud de "pobre de mí" para que los demás nos alimenten con la lástima que "merecemos" porque hemos sido heridos. En realidad, la lástima solo refuerza el sentimiento de que no somos dignos ni merecidos. Alimenta el círculo vicioso de nuestro victimismo.

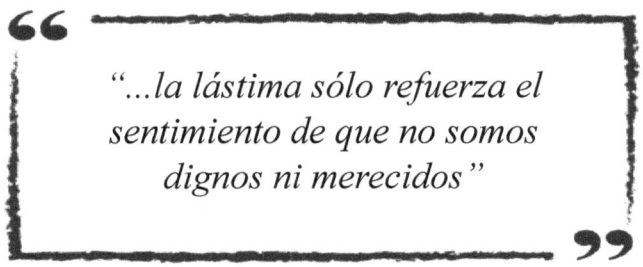

"...la lástima sólo refuerza el sentimiento de que no somos dignos ni merecidos"

Combativo es el otro extremo de este espectro, donde siempre estamos luchando para conseguir lo que "merecemos". Pero eso nunca nos da una sensación de realización. Incluso si ganamos la batalla, siempre será una victoria vacía porque proviene de nuestro yo dañado.

Una persona que es conflictiva siempre está librando una batalla interna y externa. Se trata de una persona que se siente atacada la mayor parte del tiempo y se presenta como atacante para eludir estos sentimientos. Están luchando dentro de sí mismos porque no están contentos o satisfechos con la forma en que se han mostrado en sus vidas y, sin embargo, sienten la necesidad de defenderlo. Esto también viene con un miedo inherente de que la gente vea a través de su fachada y los juzgue con dureza. La mayoría de nosotros hemos conocido a alguien así en algún momento de nuestras vidas. Todos hemos sido así en un momento u otro, aunque no sea donde residimos la mayor parte del tiempo.

Todos hemos sido criticados y críticos. Algunas personas han aprendido que para sentirse mejor consigo mismas, necesitan derribar a los demás. Todos aprendimos este comportamiento cuando éramos niños en un débil intento de sentirnos mejor con nosotros mismos. Desafortunadamente, es casi seguro que es contraproducente, y la satisfacción efímera del ego generalmente nos muerde en nuestro proverbial trasero.

Nuestro yo dañado no puede dejar de juzgar a los demás como buenos o malos. Es justo lo que hace. Nuestro yo que juzga dice cosas como: "Yo no soy así", "Sí, pero cuando actué así, tenía una buena razón, así que no es lo mismo" o "Nunca haría eso".

Tenemos que ser conscientes de que esto provoca una

separación de nosotros mismos y de quien juzgamos con dureza. Pone a la persona que está siendo juzgada muy separada del juez en la mente del juez.

Cuando nos damos cuenta de nuestros juicios, podemos sanar esta separación diciéndonos a nosotros mismos: "Yo he sido así", o "Yo también he actuado así" o "Yo he hecho aquello". Al ver nuestras propias imperfecciones, somos capaces de perdonar a los demás por no ser perfectos, y nos unimos en lugar de causar una ruptura. Es una práctica increíble para corregir nuestro pensamiento y sanar la separación. Pruébalo. Es simple pero fuerte.

Cuando se trata de defensa, el ataque o la intimidación es el "*full Monty*". Si atacamos o intimidamos a otros, estarán demasiado aprensivos para preguntar "¿quién eres tú por dentro?" Es la mejor manera de defenderse de los demás y mantenerlosfuera de nuestra psique. Es como un muro de ladrillos que mantiene a la gente fuera de nuestra casa del Ser.

> **"** *"Al ver nuestras propias imperfecciones, somos capaces de perdonar a los demás por no ser perfectos."* **"**

Aunque las estrategias defensivas se emplean para protegernos, cuando son empleadas por nuestro ego dañado, nos hace vivir en un estado de perpetua actitud defensiva. En este estado, todo el mundo es un enemigo, y asumimos que estamos siendo atacados, lo seamos o no. Esta condición ayuda al ego dañado a mantener el *status-quo* donde se siente seguro y protegido. Al mismo tiempo, impide cualquier verdadero crecimiento personal, porque la verdadera evolución personal incluye la autorreflexión honesta. Mientras estemos a la defensiva, no podremos ver detrás de ese muro de ladrillos. La actitud defensiva bloquea nuestra propia visión del Ser. Cuando comencemos a sacar los ladrillos uno por uno, los cimientos eventualmente se desmoronarán y toda la pared se derrumbará, dejándonos confrontar el desorden interno que nuestro ego ha tratado de mantener oculto. Esta aversión por enfrentar lo que hay detrás de ese muro es lo que mantiene al ego dañado como el actor principal en nuestras vidas.

Necesitamos recordar que, aunque no podemos estar en este mundo físico sin nuestro ego, no es lo que somos. Somos mucho más grandes que eso. Estamos hechos del mismo polvo que forma las estrellas y los planetas. Somos más profundos, más amplios y vastos que cualquiera de las limitaciones que nos han definido anteriormente. Ahora es el momento de empezar a desidentificarnos con nuestros egos y vivir desde la parte más profunda de nosotros mismos que no tiene límites.

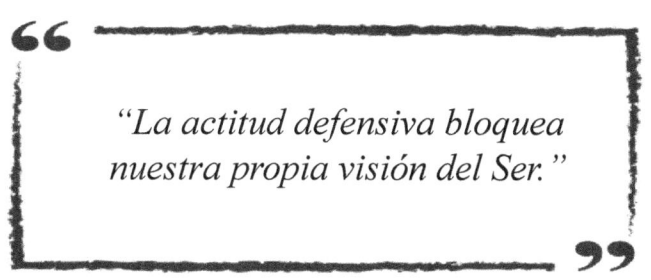

> *"La actitud defensiva bloquea nuestra propia visión del Ser."*

¿Puedes ver fácilmente estas defensas en las personas que te rodean? Siempre es más fácil notar tendencias negativas en los demás que en nosotros mismos. Como práctica, comienza a observar las estrategias defensivas de otras personas. Es fundamental que *no* comunique estas observaciones a nadie. Esta será una práctica interna. Cuando te vuelvas experto en notar las defensas de los demás, serás más capaz de verlas en ti mismo.

Capítulo 6

La comunicación—Un Don Poderoso

La verdadera comunicación es un regalo que damos a los demás para informarles sobre lo que está sucediendo dentro de nosotros. A través de nuestras palabras, en realidad estamos tomando las percepciones y experiencias dentro de nosotros y dándoselas a otro como nuestras expresiones verdaderas y auténticas.

Imagina que entre tú y el otro hay un espacio invisible, creado por tu conexión. Este espacio puede verse como un tubo o un túnel, dependiendo de lo estrecha o amplia que sea la conexión entre ustedes. Si esta persona representa a alguien con quien tienes poca afinidad, es probable que ese espacio se represente como una tubería. Si esta persona es muy importante para ti en tu vida, es probable que el espacio sea más bien un túnel. De cualquier manera, esta es la línea de comunicación que se utiliza para mover información entre sí. Y hasta que a todos se nos dé la capacidad de comunicarnos a través de nuestras mentes, las palabras son la única forma que tenemos de comunicar pensamientos y sentimientos precisos. Por supuesto, algunos de nosotros podemos percibir el lenguaje corporal y sentir la energía con destreza, pero esto solo nos dará una sensación general, no ninguna específica. Todavía dependemos de un lenguaje engorroso que puede interpretarse de muchas maneras. Es por eso por lo que debemos ser lo más claro que sea posible en nuestra comunicación con los demás, para minimizar la posibilidad de malas interpretaciones.

En este capítulo discutiremos los diferentes aspectos de la comunicación verdadera y la no verdadera, así como la retención de la comunicación. Hablar no es necesariamente comunicación y el silencio vale más que mil palabras.

La verdadera comunicación, en el contexto de la relación, ocurre cuando tenemos el coraje de arriesgar lo que guardamos cerca de nuestros corazones y exponerlo al otro. Esto nos hace vulnerables y valientes. No se necesita coraje para esconderse, pero exponer nuestros pensamientos, sentimientos y emociones internos requieren valentía. La verdadera comunicación es el regalo que le damos a otra persona, pero también es el regalo que nos damos a nosotros mismos. Cuando compartimos abiertamente desde nuestros corazones y nuestro compartir es recibido, nos sentimos conectados, escuchados, cuidados y amados.

También habrá momentos en los que el otro no pueda escucharnos debido a cualquier condición emocional o desencadenante que pueda haberse involucrado. Este es el momento de permanecer tan abiertos como podamos y hacer todo lo posible para seguir siendo valientes. Necesitamos darnos cuenta de que no siempre seremos aceptados o bien recibidos y no permitiremos que nuestro sentido del Ser y la Autoestima sean determinados por este resultado. Este también sería el momento perfecto para escuchar y recibir realmente lo que se dice y no cerrarse a la reactividad. Al escuchar lo que el otro está diciendo, podemos ser capaces de entender por qué nuestro regalo no fue aceptado inicialmente. Solo si se sigue comunicando existe la posibilidad de entendimiento.

"Sólo si se sigue comunicando existe la posibilidad de entendimiento."

Recuerda que ambos se han unido para crear esta relación. Eso ayudará a construir los cimientos sobre los que se sostendrán estas enseñanzas. Es muy importante mantener nuestros túneles lo más limpios posible y hacer limpiezas periódicas del espacio que hay en ellos.

El hecho de que alguien hable mucho no significa que se esté comunicando. La charla interminable, los chismes o dar opiniones no es verdadera comunicación. Las interacciones sociales tienen un propósito valioso. Son un paso necesario para un intercambio inicial que puede conducir a una conexión más profunda. Pero en algún momento tenemos que elegir dónde nos gustaría gastar la mayor parte de nuestra atención y energía. ¿Queremos permanecer en las piscinas poco profundas de las interacciones sociales, donde el fondo siempre es accesible para nuestros pies o nadar en las aguas profundas de las interacciones significativas, donde estamos sostenidos solo por la flotabilidad de nuestro verdadero Ser?

Todos podemos elegir quién y cómo queremos ser en nuestras vidas. Solo hay que tener en cuenta que cuando decidimos compartir con nuestra pareja, es mucho más cómodo estar nadando en el mismo lado de la piscina. De lo contrario, habrá bastantes gritos, aunque solo sea para ser escuchados.

Supongamos que ambos son buenos nadadores y pueden moverse libremente de un lado a otro de una comunicación superficial a una profunda. Esta situación es ideal para mantener estas enseñanzas vivas y vibrantes, ya que, en algún momento, requerirán la voluntad de sumergirse en lo más profundo.

Mencioné anteriormente que el comportamiento pasivo/ agresivo es simplemente un mecanismo de afrontamiento que adoptamos cuando éramos niños pequeños solo para salir adelante. Si a menudo recurrimos a un comportamiento pasivo/agresivo, probablemente fue una táctica exitosa *cuando éramos jóvenes*. Pasivo/agresivo significa que estamos siendo agresivos, aunque parezcamos pasivos. Esto puede aparecer como no hacer algo. Tal vez esta persona no responde cuando se le hace una pregunta o no contesta el teléfono o el mensaje de texto. Podrías hablar con esta personalidad durante una hora, y se quedará allí sentada sin palabras después de todo lo que has dicho. Pero no se equivoquen. A lo mejor realmente quieran responder y decir lo que sea que tengan en mente, pero como resultado de estar atrincherados en esta forma de comportarse durante gran parte de sus vidas, no pueden pensar en nada que decir. Este tipo de persona se ha acostumbrado a ser muy egoísta a la hora de comunicarse. De alguna manera, el mecanismo de defensa que funcionó tan bien cuando eran muy jóvenes es ahora un hábito difícil de romper. La única forma de que el pasivo/agresivo rompa este hábito, si eso es lo que realmente desea, es continuar comunicándose. Di lo que quieras. Aunque parezca que las palabras se quedan cortas. Con el tiempo, esto los llevará a la capacidad de decir las cosas a un nivel más profundo. (Una respuesta válida sería: "Realmente quiero responder, pero no sé qué decir".) Esto le dará al comunicador, información y una forma de continuar el diálogo.

El problema con esta forma de ser es que el pasivo/agresivo

no aporta nada a la interacción, y el comunicador se queda sin nada con lo que trabajar. Cuando pregunta: "¿Estás bien?" y se devuelve la respuesta robótica de "Estoy bien". El "Estoy bien" representa el muro de ladrillos de protección que deja al comunicador y su pregunta en el frío.

> **"**
> *"...el comportamiento pasivo/ agresivo es simplemente un mecanismo de afrontamiento que adoptamos cuando éramos niños pequeños..."* **"**

Si realmente queremos crear una relación, tenemos que dar a la relación. La forma en que lo hacemos es dando el poderoso regalo de la comunicación. Una relación consta de tres vidas: tu vida, la vida del otro y la vida de la relación. Si no alimentamos la relación con el don de la comunicación, podría marchitarse y morir fácilmente.

> **"**
> *"Ser pasivo/agresivo no aporta nada a la interacción y el comunicador, se queda sin nada con lo que trabajar."* **"**

La verdadera comunicación no necesariamente mantendrá viva una relación. A veces, una relación sigue su curso y se completa. Puede llegar un momento en que las razones por las que nos reunimos con el otro se completen y las lecciones deban integrarse en un espacio diferente, alejado el uno del otro o simplemente en un contexto diferente. Esto es cuando usamos la comunicación auténtica para completar la relación de una manera que cause la menor cantidad de dolor. No arremetiendo o evitando la verdad, sino siendo lo más sinceros posible sin culpa, para que cada uno tenga la oportunidad de crecer y evolucionar.

¿Hay algún aspecto de la comunicación en el que sientas que necesitas trabajar? Tal vez sientas la necesidad de ser más asertivo con tu comunicación en lugar de permitir que otros tomen las riendas. Tal vez seas un conversador muy activo y necesites practicar tus habilidades de escucha con más frecuencia. ¿Es posible que caigas en la categoría de pasivo/agresivo? Si notas esta tendencia en los demás, este podría ser el primer paso para superar su naturaleza no generosa en ti mismo. La comunicación es un intercambio que fluye en ambos sentidos con transmisores y receptores en cada extremo. Lo que dices desde adentro de tu Ser es una contribución a la interacción. También contribuyes escuchando y recibiendo.

> *"La comunicación es un intercambio que fluye en ambos sentidos con transmisores y receptores en cada extremo"*

Capítulo 7

Guardando Secretos y Mentiras—¡Hay Dios!

Los secretos y su "prima hermana" la mentira, son increíblemente perjudiciales para las relaciones. Interrumpen el flujo natural de la comunicación.

¿Puedes guardar un secreto? Si el secreto es tuyo, probablemente te cause una profunda vergüenza, o puede ser algo que, si se revela, lo pondría en riesgo de una situación indeseable. Pero los secretos se interponen en el camino de nuestro verdadero Ser.

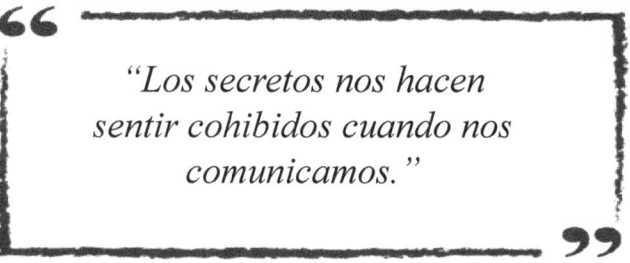

> *"Los secretos nos hacen sentir cohibidos cuando nos comunicamos."*

Esto sucede de varias maneras. Los secretos nos hacen sentir cohibidos cuando nos comunicamos. Mantenemos la atención en nosotros mismos para asegurarnos de no actuar de una manera o decir algo que pueda revelar lo que estamos ocultando. Nos sentimos muy incómodos si tenemos la sospecha de que alguien pueda conocer nuestro secreto. Y si le contamos a alguien nuestro secreto, le damos a esa persona poder sobre nosotros. Pueden o no hacer nada para ejercer ese poder, pero sabemos que si alguna vez divulgan nuestro secreto, estaríamos en riesgo. Esta situación puede hacer que actuemos de manera inauténtica hacia nuestro poseedor del secreto. Si alguna vez tenemos un desacuerdo con ellos, es posible que no expresemos lo que realmente sentimos, tratando de evitar molestarlos y que posiblemente guarden el secreto sobre nuestras cabezas.

Esta es una forma de vida horrible y llena de ansiedad. Ninguno de nosotros es perfecto. Todos hemos hecho cosas en nuestro pasado de las que no estamos orgullosos y que nos causan una profunda vergüenza. En su lugar, imagina que te sientes libre y despreocupado por los juicios de los demás. Nuestra preocupación por lo que los demás puedan pensar de nosotros es una trampa. De hecho, la razón por la que sentimos vergüenza es por nuestros *propios* juicios hacia nosotros mismos. Tenemos que hacer todo lo posible para vivir sin secretos y perdonarnos a nosotros mismos por aquellas cosas de las que nos avergonzamos. Están en el pasado y no podemos cambiar lo que ya sucedió.

Siempre hay una forma más consciente de hacer y ser, y todos tenemos una capacidad particular para ser conscientes en un momento dado de nuestras vidas. La mayoría de los que estamos en el camino de ser más conscientes estamos haciendo lo mejor que podemos. Incluso antes de que emprendiéramos nuestros viajes, estábamos haciendo lo mejor que podíamos, dado el condicionamiento, el maltrato y/o el abuso que conforman nuestro pasado. Si pudiéramos perdonarnos a nosotros mismos por nuestra propia capacidad limitada en nuestro pasado, por cómo nos comportamos de maneras que lamentamos, podríamos liberar las energías emocionales atadas a ellos y dejarlos descansar. Además, en este mundo en el que la confianza se traiciona tan a menudo, si tenemos la suerte de encontrar a alguien con quien nos sintamos lo suficientemente seguros como para compartir estas cargas y saber que nuestra confianza se mantendrá, eso sería una bendición. ¡Qué peso de encima de nuestra psique!

> **"** *"Nuestra preocupación por lo que los demás puedan pensar de nosotros es una trampa."* **"**

La siguiente es una historia real de otro tipo de secreto que puede ser bastante perjudicial.

Pedro vive con su tío Juan y su tía Jazmín, que viven en la casa que su madre, Silvia, posee mientras ella está en el extranjero durante unos años. En una de las visitas de Silvia

La casa, le dice a Pedro: "Tengo que decirte algo que Jazmín dijo sobre ti, pero no puedes decirle lo que te dije". Ella procede a contarle algunos comentarios negativos que Jazmín compartió con ella. En este punto, Pedro se molesta con Jazmín, pero accedió a no decirle nada y se siente obligado a guardarse lo que le han dicho.

Este tipo de situaciones ocurren con más frecuencia de lo que uno puede imaginar. Lo que realmente sucedió es que Silvia quería chismear y no quería que ese chisme se remontara a ella, por lo que le hizo prometer a Pedro silencio a cambio de satisfacer su curiosidad natural sobre la información ofrecida. Silvia no pensó ni consideró cómo esto podría afectar la tensión relacional del hogar. Pedro guardaría un resentimiento encubierto hacia Jazmín, que sin duda se manifestaría en múltiples signos de hostilidad y crearía un ambiente desagradable para vivir. Básicamente, Silvia le causó a Pedro un malestar emocional con Jazmín y le ató las manos al mismo tiempo, o en este caso, la lengua. Este acuerdo lo obligó a guardar silencio sin forma de expresarsus resentimientos o incluso enojo, dependiendo de la dureza de los comentarios de Jazmín, y sin oportunidad de despejar el espacio entre ellos.

He encontrado una solución fácil a esto en mi vida. Si alguien me dice: "Necesito decirte algo acerca de fulano de tal", le pregunto: "¿Lo que planeas decir me causará un malestar emocional con ellos? Si es así, planeo aclararlo con ellos directamente. No guardaré este tipo de secretos. Así que piensa en qué es lo que *necesitas* decirme". Después de esta pregunta y aclaración, la persona generalmente no comparte el chisme.

Otra cosa que interrumpe el flujo natural de la comunicación son las mentiras. Este es un tema delicado. A nadie le gusta que le mientan. Puede hacer que sintamos una sensación de traición que nos hiere profundamente. Lo interesante es que incluso las personas que mienten a menudo odian que les mientan. ¡Qué ironía!

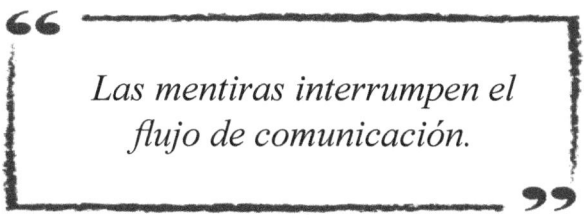

Las mentiras interrumpen el flujo de comunicación.

Ahora bien, todos sabemos que hay diferentes severidades de mentiras; No se crearon dos mentiras iguales. Sin embargo, las mentiras bloquean nuestra capacidad de comunicarnos de forma natural. ¿Recuerdas nuestra tubería o túnel por el que viaja la comunicación? Una mentira es como una roca en nuestro túnel. Cuanto más grande es la mentira, más grande es la roca. Si la mentira es pequeña e insignificante, nuestra comunicación puede encontrar su camino alrededor de la pequeña roca para llegar a ella. Pero si la mentira es enorme e importante, nuestra comunicación no tiene forma de evitarla, y nos encontramos con que el silencio y la incomodidad causados son innegables.

Recuerde, estamos hablando de una verdadera comunicación aquí, que es lo opuesto a una mentira. De ahí el dilema. Cuando estamos en una relación verdadera con alguien, y mentimos con el fin de encubrir una fechoría o error (a menudo porque estamos preocupados por la reacción emocional del otro ante ella), nos sentimos incómodos cada vez que estamos en su presencia, lo que provoca una separación entre nosotros. Nuestra comunicación se paraliza. Es posible que podamos decir palabras y hablar superficialmente, pero nuestro nivel de incomodidad está tan presente que se siente antinatural y forzado, y nos sentimos muy cohibidos.

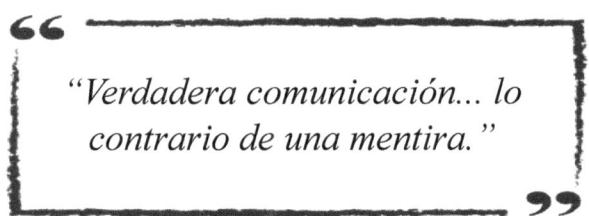

"Verdadera comunicación... lo contrario de una mentira."

Regresa a un momento en el que le estabas mintiendo a alguien a quien amabas, cómo te sentías al ser deshonesto con ellos y cómo eso causaba que tu relación e incluso tu amor disminuyeran. Piensa en cómo puedes haber justificado esa mentira diciéndote a ti mismo que lo estabas haciendo para ahorrarles dolor. Que la verdad les haría daño. Eso puede haber sido cierto, pero la mentira siempre es más dolorosa que la verdad. Porque la verdad, por dolorosa que sea, le da a la persona la información necesaria para tomar una decisión inteligente.

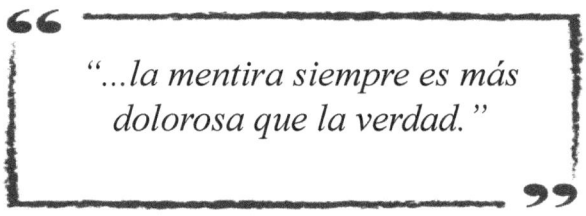

> "...la mentira siempre es más dolorosa que la verdad."

Somos seres inteligentes. La mayoría de nosotros podemos sentir cuando nos están mintiendo. Hay señales seguras. Cuando las personas piensan que sospechamos de su engaño, la reacción emocional suele ser desproporcionada con respecto a la situación. La persona que miente puede incluso enfurecerse, lo que puede incluir culpas o acusaciones que dejan al destinatario desconcertado y confundido. No *sabemos* lo que está pasando, pero sabemos que algo está pasando. Lo más probable es que una gran roca esté alojada en el túnel del amor.

Hay quienes están tan acostumbrados a mentir que se han

acostumbrado a este malestar. De hecho, se ha convertido en una zona de confort para ellos. ¡Probablemente nunca tomarían este libro! Así que, si estás leyendo esto, es probable que quieras vivir tu vida más en la verdad que en las mentiras.

No es de extrañar que el antiguo dicho, "La verdad os hará libres", se siga utilizando con tanta frecuencia hoy en día. Guardar secretos y mentiras es una sentencia de prisión, y la verdad es la llave que abre la celda.

> *"Guardar secretos y mentiras es una cadena perpetua en la que la verdad es la única llave para abrir la celda."*

Capítulo 8

Tú Sostienes Mi Espacio y Yo Sostendré el Tuyo

Cuando nos reunimos con otra persona para crear una relación, estamos trayendo a la existencia una nueva forma de Vida: la relación misma. Es traído a la existencia por la mezcla de energías que cada persona contribuye junto con la intención de traerlo a la existencia.

Una vez que nace, la relación sigue un camino propio. Para sostenerla, la relación necesita ser alimentada con energía, atención e intención, aunque su vida puede llegar a su fin incluso cuando la estamos alimentando. Una vez terminada la etapa de luna de miel, debemos recordarnos continuamente a nosotros mismos y uno al otro que estamos en el mismo equipo. Esto requiere la conciencia de que nuestros pasados ahora están siendo activados mutuamente. Es muy fácil confundir el dedo que apretó el gatillo en el presente con el enemigo original de nuestro pasado: nuestro dolor y heridas inconscientes. Para hacer esto y sanar nuestro pasado, necesitamos sostener el espacio recíprocamente.

Primero, definamos este espacio. Hablo de un espacio *seguro*. Es decir, un espacio libre de juicios, expectativas y exigencias. Solo en un espacio seguro puede ocurrir la verdadera curación.

Tómate un momento y lleva la atención a dónde te sientes más seguro en tu vida. Un lugar en el que te sientas totalmente libre de ser quién eres, un lugar sin expectativas, juicios ni exigencias. Es vital que tengamos este espacio para poder descansar de la presión constante del complejo mundo en que vivimos, y reiniciar. ¿Por qué crees que tantas personas sufren enfermedades cuyo origen es el estrés? Muchas personas no tienen un lugar seguro para reiniciar.

> **"** *"Es vital que tengamos este espacio para poder descansar de la presión constante del complejo mundo en que vivimos, y reiniciar."* **"**

Ahora tómate un momento para identificar si hay una persona que represente eso para ti. Una persona con la que puedes ser totalmente tú mismo. Lo bueno, lo malo; lo bello, lo feo; el amoroso, el temeroso. Alguien que, sin importar cómo estés siendo, te permite simplemente ser. Actuar, reaccionar, expresarse, callar, enfadarse o llorar. Si tienes una sola persona que pueda ser eso para ti, eres bendecido. Esa persona está sosteniendo un espacio en su ser en el que puedes sentirte seguro y amado sin importar lo que surja.

Cuando estamos en una relación, debemos ser capaces de proporcionar un espacio seguro el uno para el otro. Hacemos esto recordándonos a nosotros mismos que solo somos el dedo que apretó el gatillo y activó el dolor pasado de alguien. Está en erupción justo delante de nosotros, pero en realidad no se trata de nosotros. Necesitamos liberarnos de esa erupción y ser testigos del dolor que está vomitando de ellos.

En cualquier relación, ambas personas deben turnarse para mantener el espacio para el otro. Necesitamos ser más grandes que nuestra reactividad y dolor cuando es el momento de mantener el espacio para el otro. Incluso cuando nuestro drama quiere triunfar sobre su drama, lo mantenemos bajo control y simplemente les permitimos expresar su punto de vista. Hacemos todo lo posible para recordar que, debido a su pasado, han percibido y creado esta experiencia en particular, y su experiencia es cien por ciento válida debido a cómo la ven.

Una vez que hayan terminado, podemos compartir nuestras percepciones y experiencias e incluso nuestro drama. Y es entonces cuando es su turno de ocupar el espacio para nosotros. Después de todo, ¿qué hace que la percepción de una persona sea más verdadera que la de otra? ¿Has escuchado el dicho: somos un mundo? Esto no tiene precio para recordar cuando nos enfrentamos al punto de vista de otra persona que es diferente al nuestro.

> *"...solo somos el dedo que apretó el gatillo y activó el dolor pasado de alguien".*
> *No se trata de nosotros. Tenemos que despersonalizarlo.*

Recientemente me he dado cuenta de que hay una actitud particular que nos hace incapaces de mantener el espacio para otra: el victimismo. La persona que juega a ser la víctima perpetua siempre está buscando una manera de torcer todo lo que decimos en un ataque o una crítica.

Cuando decimos: "Tu hogar es bonito, no me lo imaginé así", nos preguntan: "¿Qué pensabas, que vivía en un vertedero?

Cuando decimos: "Te ves bien hoy", ellos preguntan: "¿Acaso no me veía bien ayer?"

Creo que te haces una idea. El victimismo es un mecanismo de afrontamiento que se adoptó a una edad muy temprana porque provocaba la simpatía de los demás y se defendía eficazmente de los ataques, o al menos disminuía la gravedad de estos. Una vez más, los mecanismos de afrontamiento que tan bien nos funcionaron cuando éramos niños son muy difíciles de superar en nuestra edad adulta. La víctima, automática e inconscientemente, se verá a sí misma y se retratará a sí misma como la parte lesionada para ganar la importancia que representan sus heridas, recibiendo así atención. Muchas veces, estas heridas y este sufrimiento son utilizados por ellos como palanca para manipular a otros para que hagan o actúen de una manera particular. Dado que la víctima tiene que ver consigo misma y con su sufrimiento, es decir, en el estado de víctima, es imposible para ella mantener el espacio para otro. Si alguien más expresa dolor, su dolor es mucho peor. Si alguien más llora, llora muy rápido. Si alguien más está enojado, piensa que esa persona está siendo mala. Si alguien necesita un tiempo a solas, se siente rechazado. Es muy difícil compartir tus pensamientos y sentimientos con una persona que se toma todo como algo personal. Se siente como entrar en un campo minado cuando entramos en una relación con una víctima. Nunca sabemos cuándo estamos a punto de desencadenar una explosión de "pobre de mí".

> **Sostener el espacio para el otro requiere una preocupación centrada en el bienestar del otro. La única preocupación del victimismo es sí mismo.**

Con el fin de mantener el espacio para otro, necesitamos dejar de lado nuestros juicios, expectativas y demandas de ellos y dejar espacio para su humanidad. No importa cómo se vea.

Muchas veces un espacio silencioso y seguro, que no contiene consejos, soluciones u opiniones, es la mejor medicina.

Ahora que tenemos una mejor comprensión de lo que significa dejar espacio para otro: ¿Recuerdas un momento en el que no dejaste espacio para alguien y un desacuerdo te explotó en la cara y te llevó a un nuevo malestar? En retrospectiva, ¿puedes reconocer qué determinó tu incapacidad para mantener espacio para ellos? ¿Fue un juicio sobre cómo se comportaron o cómo dijeron lo que dijeron? ¿Fue alguna defensa la que empleaste que cerró su capacidad de expresar sus percepciones y sentimientos?

Por otro lado, ¿puedes recordar un momento en el que estabas tratando de comunicarte con alguien que sentías que no te permitía expresarte plenamente? ¿Notaste alguna defensa de su parte? ¿Cómo te sentiste a raíz de esta experiencia?

Es importante experimentar ambos lados para tomar conciencia de cómo nos afecta y cómo afectamos a los demás.

Tú sostienes mi espacio y yo sostendré el tuyo.

Capítulo 9

Nuestras Mentes Haciendo Álgebra— Resolviendo el Factor X

Dado que nuestra mente analítica es un componente de nuestro ser que resuelve problemas, hace el mejor trabajo posible con la información disponible presentada. Calculando todas las posibilidades del futuro con la información presentada en el ahora, combinada con la información pertinente de nuestro pasado, nuestra mente trata de llegar a una solución lógica de un posible resultado futuro. Incluso explicar esto de una manera consciente (perdón por el juego de palabras) es como intentar desenredar una enorme bola de cordel. Hay tantas variables que es alucinante.

Por supuesto, podemos calcular las posibilidades más probables, pero el universo es tan infinito que siempre habrá elementos de lo desconocido que son imposibles de calcular. Sin embargo, esto no impide que nuestras mentes hagan aquello para lo que fueron creadas: resolver el problema en cuestión. Ya sea ideando una forma nueva y más eficiente de completar nuestras tareas o comportándonos de la mejor manera para satisfacer nuestras necesidades en nuestras relaciones. El problema, en cualquiera de estas situaciones, será el factor X, o el factor desconocido. Al igual que en álgebra, las fórmulas presentadas son para resolver el misterio X. Si X es igual a esta, entonces *esta* será la respuesta; si X es igual a aquella, entonces *aquella* será la respuesta.

En nuestras relaciones personales, X es igual al elemento humano. Este es el misterio que cada persona encierra en su ser. Nunca podemos saber realmente cómo el otro está procesando sus percepciones o todos los elementos que están en juego en su ser. Dada la vasta inconsciencia que vive en todos nosotros, ¡ni siquiera somos conscientes de todos los elementos que están contenidos en nuestro propio ser! Por no hablar de los infinitos misterios del universo.

Algunos abordan este problema aparentemente irresoluble imaginando un resultado probable, pero siempre permaneciendo abiertos a otras posibilidades. En otras palabras, hacen todo lo posible para no apegarse a ningún resultado en particular.

Si nos encontramos apegados a cómo nos gustaría que fueran las cosas, nos encontraremos sintiendo decepción la mayoría de las veces. Cuando nos apegamos a una sola posibilidad en particular, estamos colocando toda nuestra felicidad en los números ganadores de la lotería de nuestra vida. Si surgen otros números, no estaremos contentos y experimentaremos decepción. Además, apegarse a la forma en que las cosas "deberían" ser invariablemente hace que actuemos y respondamos de manera inauténtica. En lugar de decir lo que realmente sentimos, diremos lo que creemos que ayudará a crear el resultado deseado.

> **"*...imagina un resultado probable, pero permanece abierto a otras posibilidades.*"**

Mi maestra espiritual a menudo decía: *"Tú no eres responsable de ningún resultado; solo eres responsable de ser la verdad de ti mismo en cada momento de tu vida y dejar que las fichas caigan donde puedan"*. El compromiso de ser la verdad de nosotros mismos tiene que pesar más que el miedo a perder aquello a lo que estamos apegados, a que las cosas no salgan exactamente como quisiéramos y a saber que no podemos controlar todos los elementos que afectan al futuro. Pensar que podemos manipular a los demás para que actúen de la manera que deseamos con el fin de crear resultados futuros es lo que nos lleva a formas inauténticas de comportarnos. Cuando nos comprometemos con nosotros mismos a que, sin importar los riesgos, seremos tan veraces y auténticos como seamos capaces de hacerlo en el momento, esa elección vivirá dentro de nosotros y será el factor determinante de nuestra Auto-expresión. Este es el viaje del héroe.

También necesitamos ser conscientes de nuestro mayor bien en cada momento. Por ejemplo, si alguien nos está apuntando con un arma, es posible que nuestra mejor opción no sea expresar nuestro enojo o indignación. Esto puede hacer que nos disparen. Entonces, en este escenario, nos quedaríamos callados y sabríamos que no estamos confundiendo nuestro coraje con la estupidez.

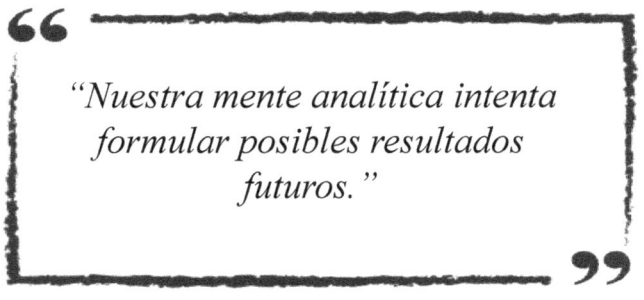

"Nuestra mente analítica intenta formular posibles resultados futuros."

A nuestra mente informática no le gustan los espacios en blanco. Cada vez que a nuestra mente analítica se le presenta un espacio en blanco, intenta llenarlo. Nuestras mentes siempre tratan de sacar conclusiones cuando falta información. De hecho, puede ser muy creativo para llegar a estas conclusiones. Por ejemplo, cuando nuestro novio o novia llega tarde, es probable que nos esté engañando. Cuando dice que llamará a las cinco de la tarde, pero son las seis y media, no se preocupa por nosotros porque no se acordó de llamar. O tal vez ha tenido un terrible accidente y está en el hospital y no puede llamar. Si le hacemos una pregunta y no responde, nos está ocultando algo. Si están distraídos y no nos prestan atención, están afirmando que no somos dignos de su amor. Dadas las muchas decepciones de nuestro pasado, nuestras mentes con demasiada frecuencia llegan a conclusiones negativas que nos causan preocupación, dolor, pérdida o malestar.

Estos surcos inconscientes de nuestro pasado se deslizan tan fácilmente, que se convierten en trampas insidiosas para nuestras mentes. Aquí es cuando necesitamos intervenir con nuestra conciencia y corregir nuestro pensamiento. Necesitamos recordarnos a nosotros mismos que solo sabemos lo que sabemos. Que nuestro novio o novia llegan tarde, que su llamada telefónica llega tarde, que le hicimos una pregunta y aún no ha respondido. Eso es todo lo que sabemos. El resto es nuestra mente llenando los espacios en blanco automáticamente.

Aquí hay un ejemplo de cómo podría suceder esto. Mario y Esteban han estado en una relación comprometida durante un par de años. El cumpleaños de Esteban se acerca el próximo mes, y Mario ha decidido organizarle una fiesta sorpresa.

Mario no está acostumbrado a guardar secretos y está un poco inseguro de tratar de mantener este secreto durante un mes. Pero está tan emocionado por sorprender a Esteban que está dispuesto a hacer un valiente esfuerzo en su capacidad de actuación. Un par de veces, mientras ve la televisión, Esteban se da cuenta de que Mario responde a un mensaje de texto de una manera inusual y no piensa en ello. Por supuesto, Mario nunca haría nada desleal, y Esteban descarta la idea.

A la semana siguiente, sin embargo, Mario sale al balcón, y Esteban lo escucha hablar por teléfono con alguien. Más tarde, cuando le pregunta a Mario con quién estaba hablando, dice que con su hermano, pero Esteban nota algo raro en la forma en que respondió. Ahora Esteban empieza a sentirse inseguro y desconfiado; algo dentro de el se siente mal, pero no logra poner el dedo en la llaga. Puede sentir que Mario se siente incómodo por algo, pero no quiere causarle un disgusto o crear un conflicto expresando sus dudas. No dice nada y decide estar muy atento a sus observaciones para ver qué puede descubrir. Una parte oscura del pasado de Esteban está surgiendo en él, que incluye la decepción hacia otros que no fueron honestos con él y otros que fueron desleales. Esto hace que surjan energías no resueltas de traición, dolor y pérdida, lo que lleva a Esteban a sacar conclusiones sobre Mario en las que ni siquiera quiere pensar. Sin embargo, se arrastran hacia su mente con la misma seguridad con la que las burbujas de aire bajo el agua suben a la superficie.

Últimamente, Esteban se ha dado cuenta de que Mario se ha estado comunicando con muchas personas con las que ninguno de los dos habla regularmente, y cuando Esteban hace alguna pregunta Mario parece incomodarse. La evasiva de Mario está confirmando el temor de Esteban de que Mario le esté mintiendo con frecuencia ahora. Finalmente, Esteban no puede soportarlo más y le pregunta a Mario: "¿Está todo bien? ¿Todavía me amas?"

Mario está tan herido por su pregunta que su ira estalla. "¿¡Cómo puedes preguntarme eso!?", dice. "¡Por supuesto que te amo! ¡Te demuestro que te amo todos los días!"

Esta reacción de enojo solo causa aún más inseguridad en Esteban, y ahora sabe que Mario lo está engañando. Mario ha estado inusualmente callado y distante, lo que solo confirma las sospechas de Esteban. A medida que pasa el tiempo, Esteban se siente incapaz de tolerar la incertidumbre que esta verdad crea en él. Tienen planes de salir a cenar el sábado por la noche para el cumpleaños de Esteban, y Esteban planea romper con Mario entonces. No puede tolerar las mentiras, especialmente para encubrir que lo engañen de nuevo.

Estacionan su auto y se dirigen hacia la entrada del

restaurante. Mario le dice a la anfitriona que tienen una reserva a nombre de Pérez, y son escoltados a la trastienda del establecimiento. Cuando abren la puerta, todo está oscuro; Esteban no está seguro de lo que está pasando. De repente, las luces se encienden y una gran multitud de personas grita: "¡FELIZ CUMPLEAÑOS!" Esteban se vuelve hacia Mario con lágrimas rodando por su rostro. Mario dice: "Feliz cumpleaños, bebé... Te quiero muchísimo. Sabes, pensé que nunca sería capaz de ocultarte esta sorpresa, pero supongo que hice un buen trabajo ocultándola. Aunque, ya sabes, pensé que te estabas dando cuenta un par de veces. ¡Jajaja!"

¿Te imaginas cómo se siente Esteban ahora? ¿Cómo estaba listo para terminar una relación basado en sus suposiciones de lo que estaba sucediendo con Mario? Convirtió sus imaginaciones en verdad, en su mente, debido a su historia de haber sido engañado. El alivio que debía estar sintiendo, ahora sabiendo que lo que Mario escondía era un gesto de amor y celebración, no de infidelidad y engaño.

Nosotros también hacemos lo contrario de esta experiencia. A veces, cuando conocemos a alguien nuevo, imaginamos todo un futuro basado en nuestros sentimientos iniciales de conexión emocional, mientras estamos en nuestra fase de luna de miel de la relación. (A veces, esto incluso sucede después de solo unos pocos días de mensajes de texto). Ni siquiera sabemos cómo responderá esta persona ante la adversidad o la confusión emocional. De repente nos enfrentamos a una persona que, después de todo, no se parece en nada a esa persona que experimentamos durante la fase inicial de nuestra relación. Ahora podemos ver cómo responde esta persona cuando las cosas están bajas y las cosas de su pasado se encienden. O a veces nos enfrentamos a una persona que no está dispuesta a participar en el difícil trabajo de mantener una relación. Si esto sucede, no solo sufrimos la pérdida de esta persona en nuestras vidas, también sufrimos la intensa decepción de un futuro que nos inventamos en nuestras cabezas. El hecho de que haya sido inventado no significa que no suframos su pérdida. Esta pérdida se enredará con todas las otras decepciones que hemos sufrido cuando la vida no resultó como queríamos o imaginábamos. La pérdida es intensa.

Así que haz los cálculos. Solo sabemos lo que sabemos y nada más. Mientras nuestras mentes hacen álgebra, recuerda dejar el factor X como una incógnita y permanecer abiertos a las posibilidades. A veces, el resultado es incluso mejor de lo que hubiéramos soñado.

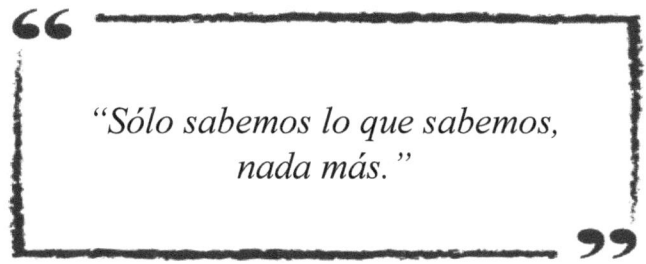

> "Sólo sabemos lo que sabemos,
> nada más."

¿Recuerdas haber creído algo que tomaste en tu decisión y que resultó ser falso? Lo recuerdo a menudo cuando era niño. Imaginé muchas posibilidades diferentes de miedo solo porque mis padres llegaron a casa más tarde de lo que esperaba. Entonces sentí un gran alivio por su llegada. ¿Recuerdas haberte sentido así cuando eras niño?

¿Recuerdas haber idealizado algo cuando conociste a alguienque te atraía? Tal vez imaginaste cuando se mudarían juntos. Cómo estarían juntos durante mucho tiempo o incluso "para siempre". ¿Cómo, debido a tu atracción, pudiste jurar que sentiste su atracción hacia ti con la misma fuerza? Cuando esta fantasía terminó, ¿se sintió de alguna manera desproporcionada con el poco tiempo que se conocieron o tal vez con otros aspectos que de alguna manera se vieron aumentados por su romance mental? A veces es muy difícil atrapar nuestras mentes cuando se inician estos escenarios creativos.

En estos casos, podemos hablar con nosotros mismos y decirnos: "Deja de inventar cosas y qué la relación evolucione como debe ser".

Capítulo 10

¿Pudieras Llegar a la Gratitud?

En el verano de 1992, ayudé a mi maestra con un retiro espiritual en una propiedad junto a una carretera sinuosa que conduce al valle de esquí de Santa Fe. Estábamos a tres millas de la precordillera en un majestuoso terreno de senderos, envueltos en pinos aromáticos llenos de piñones y agujas crujientes a nuestros pies. El calor seco parecía intensificar el aroma de la naturaleza y elevar el espíritu.

Estábamos en el tercer día del retiro cuando Maia evaluó a los participantes preguntándoles cómo estaban ese día. Cuando llegó el turno de Dinora de compartir, Dinora comenzó a quejarse de que le dolía la espalda y no dormía bien por la incomodidad de su cama. Continuó con su disgusto por la avena, que era nuestro desayuno habitual servido con nueces picadas, fruta y yogur de vainilla. Obviamente estaba en un estado mental negativo debido a sus preferencias particulares y a la noche de sueño inquieto.

Maia dijo algo así como: "Dinora, *¿hay alguna manera de que puedas llegar a la gratitud?*" Dinora se resistió y dijo que no sabía. Maia continuó: "Estamos en Santa Fe, Nuevo México, en las hermosas estribaciones del valle de esquí, en esta increíble propiedad, rodeados de naturaleza y personas de ideas afines. Tu proceso espiritual se enriquece mediante las enseñanzas, los procesos, la danza, el canto y la meditación, sin embargo, tu mente está atascada en tu cama y en tus preferencias de desayuno. ¿Se te ocurre algo por lo que estés agradecida en este momento?" Dinora era completamente incapaz de encontrar algo por lo que sentirse agradecida. Este estado predominó su estado de ánimo durante el resto de ese día antes de que pudiera volver en sí.

Esta es solo una de las formas en que nuestras mentes bloquean nuestra capacidad de experimentar gratitud.

"*Siempre hay algo por lo que estar agradecido.*"

Cuando estamos tan obsesionados con nuestras preferencias y nuestro conjunto particular de parámetros sobre cómo queremos que sean las cosas, no nos permitimos ver lo que está justo frente a nosotros. Siempre hay algo por lo que estar agradecido.

También me he dado cuenta de que, como seres humanos,

nuestra tendencia es dar por hecho a aquellas personas, situaciones, talentos o bendiciones que siempre están al alcance de nuestra mano, que están, constantemente, presente. Te daré un ejemplo. ¿Cuándo fue la última vez que estuviste realmente agradecido por el solo hecho de ser capaz de respira, de poder inhalar? ¿Cuándo fue la última vez que te asombraste de la capacidad innata de llevar aire a tus pulmones? Ahora imagina que alguien con fuerza descomunal tiene tu cabeza sumergida bajo del agua en una piscina tres metros de profundidad. Te mantiene con la cabeza sumergida solo por un minuto, pero el tiempo se arrastra en cámara lenta, y un minuto parece una hora. Imagina cómo en los últimos segundos de inmersión luchas por no inhalar con fuerza y respirar, ya que esto solo inundaría tus pulmones de agua clorada. Llévate ahora al momento en que se te permita acercarte y respirar profundamente. ¿Qué tan agradecido estarías cuando sientas ese aire fresco entrar en tus pulmones ardientes?

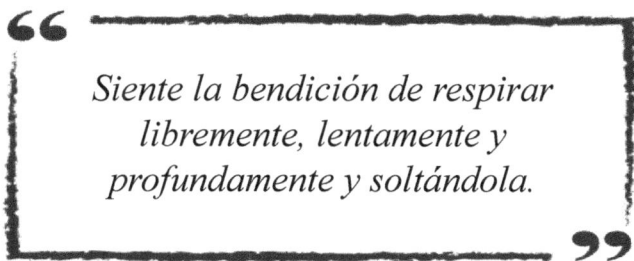

Siente la bendición de respirar libremente, lentamente y profundamente y soltándola.

La mayoría de nosotros hemos sido bendecidos con la capacidad de respirar libremente, y esto sucede inconscientemente. No le damos importancia porque siempre está disponible para nosotros. ¿Cuántas cosas en tu vida das por hechas de esta manera? Tómate un momento y reflexiona para tener en cuenta algunas de las cosas por las que puedes tener gratitud en tu vida, pero que, debido a su presencia constante, no acabas de apreciar.

Otra manera de ser agradecidos es llegar a saber que todo es perfecto en nuestras vidas. Que, gracias a nuestras experiencias particulares y a nuestro viaje, estamos donde estamos ahora mismo, lo cual es perfecto y nos llevará a la siguiente fase necesaria. Nos damos cuenta de que, en el estrecho ámbito del proceso de nuestra vida, hemos hecho juicios sobre ciertos acontecimientos que han bloqueado nuestra gratitud hacia el camino de nuestra vida.

Recuerda un momento en el que hayas estado pasando por una experiencia difícil, tal vez una ruptura, la pérdida de un trabajo o el final de una circunstancia particular que sufriste. ¿Cuántas veces durante esa dificultad deseaste no estar pasando por eso? "*Ojalá esto o* aquello no hubiera conducido al principio del fin", piensas. Y luego pasó el tiempo y te llevó a una nueva temporada con una nueva relación, un nuevo trabajo o una nueva circunstancia, y te diste cuenta de que estabas tan feliz de haber sido traído a este lugar. Tal vez incluso pensaste en esa difícil situación, y cómo, aunque no fue fácil e incluyó dolor y sufrimiento, fue un paso necesario hacia la realidad a la que fuiste llevado. Esa lucha te había abierto el camino a una nueva felicidad.

En verdad, no importa qué dificultad hayamos experimentado en la vida, por dolorosa que sea, siempre hay valor que descifrar de ella. Cuando estemos en el medio de la crisis, no seremos capaces de percibir las lecciones o el crecimiento que surgirá después de la finalización de la crisis, tal vez no por algún tiempo. Y, por supuesto, ninguno de nosotros puede ver la luz cuando estamos perdidos en medio de un tiempo oscuro. Lo más probable es que no seamos capaces de conectarnos con ningún sentimiento de gratitud. Pero este es el momento perfecto para recordarnos a nosotros mismos que todo es temporal. Que esto también pasará. Que no podemos ver la perfección, pero de alguna manera es perfecta.

Así que, en algún momento de nuestro desarrollo, naturalmente dejaremos de hacer mal el dolor que hemos soportado en nuestro pasado y sentiremos nuestra gratitud por el hecho de que todo nos ha traído a donde estamos ahora. Que, si hubiéramos sabido de antemano lo que tendríamos que soportar, nunca habríamos recorrido ese camino, pero haberlo hecho nos ha hecho más grandes, más vastos y expansivos dentro de nosotros mismos.

> *" Todas nuestras experiencias forman parte de nuestro viaje particular de la Vida. "*

Hablemos de la gratitud en el contexto de una relación. En mi opinión, si nos acercamos a una relación por necesidad, lo más probable es que nos quedemos con las ganas. Muchos de nosotros entramos en una relación porque sentimos un vacío dentro de nosotros mismos, y tratamos de llenar ese vacío a través de otra persona. Este vacío proviene de sentimientos de desconexión, indignidad y falta de amor propio, y solo puede llenarse desde adentro. Nada, ni nadie más, es capaz de llenar nuestro espacio vacío. Si bien parece que esta otra persona tiene la capacidad de hacernos verdaderamente felices, esta fantasía solo puede durar un tiempo. Por no hablar de que poner esa responsabilidad en otra persona es una carga enorme. Eventualmente, otras personas perderán su capacidad de cumplir con esta búsqueda, porque solo *nosotros* podemos elegir ser felices. Si comenzamos una relación con la necesidad de completarnos a través de otra, pronto nos sentiremos insatisfechos y comenzaremos a ver el vaso-de-la-relación como medio vacío.

Si quieres estar en una relación porque eres infeliz solo, estás trayendo tu infeliz soledad a la relación. Esto causa problemas de varias maneras. Primero, es muy probable que te conformes con alguien que no es una buena pareja para ti, en lugar de enfrentarte a estar solo. Segundo, lo que sea que tu pareja *pueda* aportar se quedará corto en tu percepción, y tercero, esta situación hace que sea difícil sentir verdadera gratitud.

Si nos sentimos realizados en nuestra soledad, si nos sentimos conectado, digno de amor y tenemos amor propio, entonces aportamos esa plenitud para compartirla con el otro. En esta realidad, dado que no estamos en un estado de necesidad, todo lo que nuestra pareja esté dispuesta o sea capaz de compartir con nosotros será apreciado y valorado.

> **"***...si nos sentimos conectado, digno de amor y tenemos amor propio, entonces aportamos esa plenitud para compartirla con el otro.***"**

Vivimos en un mundo lleno de milagros y tenemos el privilegio de estar presentes durante una época de tremendos cambios y evolución. Hay muchas realidades y puntos de vista que existen simultáneamente, lo que puede ser confuso. Constantemente estamos siendo atraídos en todas direcciones, y nuestra atención está siendo atraída hacia pensamientos que polarizan y nos hacen sentir conflicto. Haz tu mejor esfuerzo para no ser absorbido por la negatividad que nos rodea. Siento que todos tenemos razones más que suficientes para pelear entre nosotros. Busquemos razones para conectarnos y honrarnos mutuamente. Tenemos la elección de dónde queremos enfocar nuestra atención. Elige enfocarte en lo positivo, por dentro y por fuera. Encuentra cosas en tu vida por las que puedas estar agradecido. Lleguemos a la gratitud.

Capítulo 11

"Jamás Volveré a Hacer Eso"—Las Lecciones de la Vida

Con frecuencia he escuchado a la gente decir: "jamás volveré a hacerlo". He observado que a menudo responden de esta manera después de una experiencia dolorosa, como si realmente pudieran evitar las circunstancias perturbadoras de la vida al no ponerse en riesgo o no actuar de manera que atraigan el dolor. Desde mi propia observación, vivir una vida sin dolor en este mundo tumultuoso es menos que probable. Yo diría que las probabilidades son mejores para ganar la lotería. Desde niños nos han enseñado que el dolor es malo y el placer es bueno. Y la mayoría de nosotros gastamos una gran cantidad de energía tratando de evitar el dolor, el conflicto y la dificultad. Hacemos esto tomando el camino más fácil para salir de las situaciones. Evitamos decir cómo nos sentimos porque nos falta el coraje para ser honestos y abiertos sobre nuestros sentimientos. Este comportamiento nos sale por mal, más a menudo de lo que nos gustaría admitir. También nos deja sintiéndonos en conflicto con nosotros mismos, porque no estamos siendo leales a nuestra verdadera autoexpresión.

¿Es una experiencia dolorosa realmente algo malo si tiene el potencial de impulsarnos a nuestra propia evolución?

120

Piensa en tu vida y recuerda los momentos en los que has experimentado el mayor crecimiento personal. ¿Dirías que esos momentos de mayor crecimiento suelen ser después de experiencias de crisis o dolor? La mayoría estaría de acuerdo en que este es el caso.

La verdad es que el ego no cambiará a menos que tenga que hacerlo. Si el ego siente que es capaz de arreglárselas en una zona de confort que no es muy satisfactoria, pero tampoco tan horrible, su miedo al cambio será dominante. El dolor causado por la inconsciencia en nuestras vidas tendrá que superar el miedo al ego a cambiar para que se produzca el crecimiento. Cuando eso sucede, el ego soltará el control el tiempo suficiente para dejar que el Ser Mayor o Gran Ser nos conduzca durante un período de tiempo, con suerte el tiempo suficiente para poner un kilometraje significativo en el odómetro de nuestra vida.

Para aquellos de nosotros que hemos tomado la valiente decisión de ser auténticos, con todo lo que eso conlleva, estamos siendo constantemente probados en esa elección. Al iniciar una nueva relación y comenzamos a expresarle al otro quiénes somos, naturalmente mostramos nuestra mejor versión. Por supuesto, nadie quiere comenzar una relación con sus imperfecciones y defectos, por lo que probablemente los escondamos fuera de la vista. Ten en cuenta también que lo más probable es que el otro esté haciendo lo mismo. Al comienzo de una relación, probablemente haya pocos motivos para que nuestros egos se desencadenen.

A medida que pasa el tiempo y se adquiere más familiaridad, podemos obtener conocimientos sobre el otro que nos ofrecen la oportunidad de ver aspectos o cualidades que antes no conocíamos. Cuando llega el momento de expresar sentimientos o pensamientos que sentimos que no son aceptados o con los que no estamos de acuerdo, comienza la verdadera prueba. Aquí es cuando nuestro compromiso de ser la verdad de nosotros mismos debe pesar más que el miedo al rechazo o al desacuerdo. Siempre tendremos que tomar la decisión más alta y cada vez que lo hagamos, será un poco más fácil.

> *Para aquellos de nosotros que hemos tomado la valiente decisión de ser auténticos, con todo lo que eso conlleva, estamos siendo constantemente probados en esa elección.*

Recuerda, todo es una práctica en la vida. Es por ello por lo que las personas verdaderamente exitosas no consideran los contratiempos como un fracaso. Están practicando el éxito. Nadie espera empezar a esquiar o patinar, por ejemplo, sin caerse nunca. Están aprendiendo, lo que incluye caerse sobre sus traseros. Nadie te culparía por caer, entonces, ¿por qué somos tan duros con nosotros mismos cuando no cumplimos con nuestras expectativas? Ahí es cuando necesitamos perdonarnos a nosotros mismos, levantarnos, corregir el daño y tratar de hacerlo mejor.

Ahora que tenemos la práctica de la vida en perspectiva, ¿qué pasa con la compasión por los demás y ponerla en práctica también? Esto incluye perdonar a los demás por sus errores e intentos imperfectos de practicar ser un mejor ser humano.

> **La vida es una práctica. Podemos practicar ser la persona que queremos ser o permitir que nuestros egos dañados dirijan el espectáculo.**

Cuando tenía veinte años, conocí a mi primer novio, Jordy. Nos dejábamos llevar por la atracción que nos sentíamos el uno por el otro y teníamos un buen nivel de comunicación, pero nunca hablamos realmente de compromiso o exclusividad. Después de tres meses, me enteré de que había estado con otra persona. Dijo que estaba tratando de probarse a sí mismo que no se estaba enamorando de mí, pero fracasó en su intento y se sintió muy mal por ello. Le dije que no tenía derecho a enfadarme con él, porque nunca hablamos de exclusividad. Sin embargo, a partir de ese momento, no estaba dispuesto a continuar nuestra relación sin un compromiso. Era muy flexible, pero yo no estaba dispuesto a ceder en este punto. Finalmente, accedió a ser exclusivo.

Por supuesto, esto no me inspiró mucha confianza y después de un par de meses llegué a un punto de ruptura. Le dije que, si él no me ayudaba a sentirme más tranquilo por poder confiar en él, no duraría mucho más en esta relación. No podía estar en el trabajo todo el día, pensando en todas las cosas que él podría estar haciendo con otros chicos. Después de una larga conversación y sintiendo su sinceridad, acepté sus seguridades de que estar con otros chicos era lo más alejado de su mente. Eso me tranquilizó. Después de eso, durante algún tiempo, plantearía la posibilidad de tener una relación abierta, solo para que, si ocurría algún desliz en el futuro, no tuviéramos que separarnos por ello. Ambos teníamos buenas habilidades de comunicación, y de alguna manera entendí que él estaba encubriendo un posible futuro lejano y tratando de proteger la relación.

Unos meses más tarde, a los veintiún años y ansioso por la

experiencia, sentí que podría querer experimentar y aprovechar una relación abierta. Así que la siguiente vez que lo mencionó, estuve de acuerdo. En los meses siguientes, tuve un par de experiencias, que le comuniqué a Jordy. Entonces conocí a Freddy. Mi segundo novio con el que viví.

Estaba convencido de que encontraría mi verdadera felicidad con Freddy. Pero en el proceso de terminar mi relación con Jordy, le causé un dolor tremendo, algo que realmente noquería hacer. Habíamos tenido una muy buena experiencia juntos, a pesar de que la intensidad de mis sentimientos por él había disminuido después de un tiempo. Sin embargo, no pude disuadirme de tratar de encontrar mi felicidad con Freddy. Sé dentro de mí que, si hubiera alguna forma de ser feliz con Freddy sin causarle tanto dolor a Jordy, seguramente habría elegido esa. Desafortunadamente, su dolor era inevitable y me causó una gran culpa. El final de la relación con Jordy fue una dura lección que todavía me está proporcionando sabiduría unos cuarenta años después.

Desde esa experiencia, miro a las personas de la siguiente manera. La mayoría de las personas son intrínsecamente buenas. Todos buscamos nuestra propia felicidad. Cuando las personas actúan de manera que me causa dolor, sé que probablemente no tengan la intención de lastimarme. Simplemente están haciendo lo que sienten que deben hacer para encontrar su felicidad y no están considerando los efectos de sus acciones en los demás. O tal vez simplemente están haciendo un mal trabajo al tomar decisiones sabias con la mínima cantidad de consecuencias negativas. Incluso las personas que hacen cosas aparentemente malas probablemente estén pensando, de alguna manera retorcida de la psique, que esas cosas de alguna manera les traerán felicidad. Como la persona que siente que necesita menospreciar a los demás para sentirse bien consigo misma, o que critica a los demás por sersanturrones. Al mirar a las personas de esta manera, puedo perdonarlas más rápido y seguir adelante, permitiéndoles su proceso de convertirse en un mejor ser humano mientras practico convertirme en uno también.

La forma en que elegimos lidiar con el dolor, la crisis y la dificultad en la vida está en un espectro. En un extremo delespectro, tratamos de evitar el dolor a toda costa. En el otro extremo, lo habitamos, nos revolcamos y lo revivimos. Creo que lo mejor es encontrar un equilibrio. Necesitamos permitirnos experimentar el dolor cuando surge en nosotros, expresar y expulsar las energías emocionales asociadas con él, y luego pasar a estar completamente disponibles para la próxima experiencia que la vida nos regalará.

Si alguna vez te escuchas a ti mismo decir: "Jamás volveré a hacer eso", trata de recordar que las lecciones de la vida nunca tienen que ver con la contracción, con volverse menos o más pequeño. Las lecciones de la vida siempre tendrán que ver con la expansión y con llegar a ser más grandes de lo que éramos antes. Así que sigue exponiéndote. Corre el riesgo de ser lastimado y pisoteado. Trata de no buscar formas de sentirte herido o traicionado, pero si descubres que estás experimentando dolor, permítelo. Date cuenta de que es tu propia realidad. Trata de descifrar lo que el dolor está tratando de decir y dale su expresión. Si nos protegemos del dolor, nos separamos de la vida y del amor. No podemos temer y amar simultáneamente. Solo podemos ocupar un lado del contínuum a la vez, pero no ambos.

> "Al darme cuenta de que todo el mundo busca su felicidad, comprendo que los demás no suelen tener intención de hacerme daño. Esto me permite perdonar más fácilmente."

Capítulo 12

Espacios Libres y Claros: Los Procedimientos

Cuando llega el momento de despejar el espacio en una relación, hay ciertos elementos que podemos utilizar para crear un ambiente más propicio y facilitar el proceso.

1. Elige un espacio con mínimas distracciones. Cuando dos personas acuerdan sentarse y hacer una limpieza, es importante tener la menor cantidad de distracciones posible. Ya es bastante difícil manejar nuestra experiencia emocional, intentar comunicarnos claramente sin culpa, monitorear nuestros desencadenantes pasados y permanecer presente con nuestra pareja. Las distracciones como la música alta o el ruido, las interrupciones de los demás, las notificaciones del teléfono móvil, los niños o las mascotas corriendo o incluso los estímulos visuales comprometen nuestra concentración en diversos grados, lo que se traduce en menos atención y energía para nuestras intenciones.

2. ¿Cómo te sientes físicamente? Cualquier cosa que requiera nuestra atención y energía crea un déficit en la atención y la energía disponible para despejar el espacio. Por lo tanto, si usted o su pareja tienen dolor o enfermedad o se sienten cansados, somnolientos o ebrios, esto limitará su atención y agotará su energía. Quizás no estarás lo suficientemente presente como para lograr tus intenciones. Asegúrate de que ambos se sientan bien en general y estén presentes y alertas para que tengas la mayor conciencia posible del proceso.

3. ¿Ha ocurrido algo durante el día que haya capturado tus pensamientos? ¿O está preocupado por el futuro cercano? Comienza por respirar profundamente, dejando de lado cualquier pensamiento del pasado y las preocupaciones sobre el futuro y prestando tanta atención al momento presente como sea posible. Este será un proceso continuo, ya que muchas veces nos encontramos pensando en lo que vamos a decir en respuesta, lo que hace que vayamos hacia el futuro y perdamos presencia con lo que el otro está comunicando.

4. Ahora que estás presente, hay un par de cosas que debes recordar. En primer lugar, sois un equipo. Ambos han tomado la decisión de crear una relación y están eligiendo participar en el proceso de vida del otro, que incluye la sanación de sus pasados. Ustedes son aliados, no enemigos. Cuando tu pareja esté limpiando sus resentimientos, recuerda que está compartiendo su experiencia y percepciones internas. Todas nuestras experiencias y puntos de vista son válidos. Todos vemos las cosas a nuestra manera. Además, la mayoría de nuestros resentimientos están conectados con nuestros resentimientos y decepciones pasadas, por lo que en la mayoría de los casos nuestra pareja está hablando con alguien en su pasado: usted es simplemente un desencadenante. Recordar esto te ayudará a no tomarte las cosas personalmente.

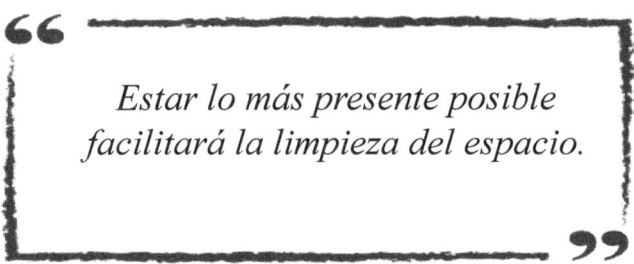

Estar lo más presente posible facilitará la limpieza del espacio.

Así que comencemos un ejercicio de abrir un claro entre Amelia y Benjamín. Ambos han decidido que Amelia comience. Mientras limpia sus resentimientos, Amelia hace lo mejor que puede para asumir la responsabilidad de sus emociones y sentimientos. Por ejemplo, dice: "Cuando dijiste que no querías hablar de cosas sin importancia, me sentí menospreciada, como si lo que era importante para mí fuera insignificante. Me trajo a flor un sentimiento de que no soy importante para ti".

Ese enfoque asume más responsabilidad que: "Cuando dijiste que no querías hablar de cosas sin importancia, me hiciste sentir insignificante. Me haces sentir que no soy lo suficientemente buena para ti".

En realidad, nadie puede hacernos sentir nada. Todo depende

de cómo *elijamos* interpretar o filtrar algo que nos hace sentir de cierta manera. Eso depende de nosotros y solo de *nosotros*. Así que Amelia necesita comunicarse lo mejor que pueda, de una manera que no culpe a Benjamín por sus sentimientos y emociones. Recuerda, somos impotentes mientras culpemos a cualquier cosa o persona fuera de nosotros mismos por nuestra realidad.

En el proceso de Amelia dando voz a sus resentimientos, es crucial que Benjamín no defienda ninguno de sus puntos de discordia. Si Benjamín defiende alguna de las comunicaciones de Amelia, esa defensa invalida las percepciones y experiencias de Amelia. Lo que su defensa dice inadvertidamente es: "Lo estás viendo de la manera equivocada" o "Estás equivocado en tus percepciones". En otras palabras, estás equivocado por sentir lo que estás sintiendo. Cualquier cantidad de defensa cerrará el espacio a la forma de ver las cosas de Amelia y no permitirá que se libere la energía del resentimiento.

Lo más probable es que las percepciones de Amelia no sean las mismas que las de Benjamín, pero ¿qué hace que las percepciones de una persona sean más válidas que las de otra? Nada.

Es vital que Benjamín permita que Amelia hable sin interrupciones. Las únicas palabras que Benjamín puede

133

decir son "OK" o "Te escucho" o cualquier otro tipo de reconocimiento que le permita a Amelia saber que está recibiendo sus comunicaciones. Eso es todo.

Benjamín también está notando cualquier reactividad que pueda ser desencadenada en él por lo que Amelia está aclarando. Al mismo tiempo, está tratando activamente de ver las cosas desde la perspectiva de Amelia, preguntándose: "Si yo estuviera en su lugar, ¿podría haberlo percibido de la misma manera?"

> **"** *Cualquier tipo de defensa, por pequeña que sea, cierra el espacio y la persona que aclara siente que su comunicación no es recibida.* **"**

Benjamín necesita permitir que Amelia continúe hablando hasta que sienta que no tiene nada más que decir. En esencia, Benjamín se convierte en un espacio en el que Amelia puede compartir su realidad interior, debido a sus percepciones.

Una vez que Amelia termina de compartir, Benjamín comienza a comunicar sus experiencias internas. Estos incluirán su perspectiva de su lado de la experiencia. Esto le dará a Amelia una idea de por qué actuó o dijo las cosas que dijo. Benjamín también compartirá sus resentimientos a medida que Amelia se convierta en un espacio para que Benjamín comparta su realidad. Amelia también hará todo lo posible para ponerse en el lugar de Benjamín para tratar de entender su perspectiva.

Cada uno ve las cosas a su manera.

Es posible que Amelia y Benjamín se turnen para compartir, ya que lo más probable es que se desencadenen cosas nuevas por la limpieza del otro. Las cosas pueden volverse pesadas en este proceso, especialmente en las fases inicial y media, pero se sentirán cada vez más livianas a medida que el proceso continúe.

Aquí está el resultado final. Nuestros juicios, expectativas, demandas y resentimientos de aquellos con los que estamos en relación requieren energía para aferrarnos. Una vez que los limpiamos y los liberamos, liberamos esa energía para el Amor. Es común sentir una sensación de Amor renovado y conexión después de una limpieza. Este proceso también nos sirve para expandirnos más en nuestra experiencia de vida.

Recuerden, en la medida en que seamos desencadenados por nuestro dolor y trauma pasados, nos volveremos inconscientes. Como resultado, a menudo decimos cosas que pueden ser hirientes para el otro. Es probable que nuestras intenciones no sean herir o causar dolor al otro, pero en nuestras reacciones inconscientes a menudo lo hacemos. Por lo tanto, es una buena práctica tomarse un momento, siempre que sea posible, para hacer una pausa, respirar y abstenerse de decir la primera cosa hiriente que surja.

Se me ha ocurrido una técnica que me funciona bien. Si estoy hablando por teléfono con alguien que obviamente está presionando mis botones y buscando una pelea, simplemente digo: "Voy a tener que devolverte la llamada". Sería muy fácil para mi yo del pasado involucrarse en un conflicto con esta persona que sabe cómo enganchar mi reactividad. Todos conocemos a muchas personas que tienen esta habilidad. También poseemos la capacidad de desencadenar a otros y saber exactamente qué hará que muerdan el anzuelo y se enganchen a nuestra caña de pescar emocional. Al decirle a la persona al otro lado de la línea que tendremos que devolverle la llamada, nos ganamos algo de tiempo.

Cuando nos alejamos un poco del gancho que sostiene un

tentador y aromático aperitivo de sabor favorito, podemos reflexionar un poco más objetivamente. Basándonos en nuestro mayor bien, elegimos cómo responder. Decidimos lo que permitiremos que entre en nuestro espacio sagrado del Ser, nunca culpando a la persona por nuestros propios desencadenantes. También nos damos cuenta de que lo más probable es que les haya sucedido algo antes de nuestra conversación que les haya hecho querer arremeter y participar en algún tipo de conflicto.

Cuando volvemos a llamar, respondemos de la manera más auténtica posible, incluyendo la compasión por su dificultad, sea cual sea, y ofrecemos cualquier servicio que estemos dispuestos a dar para ayudar al otro a aclarar su conflicto. No le debemos a esta persona nuestra participación en el conflicto. No les debemos el servicio de asistencia. Podemos elegir qué y cómo estamos dispuestos a proporcionar, si es que estamos dispuestos a proporcionar algo. Ganar tiempo hace milagros, porque ya no estamos presionados a dar reacciones que provienen de nuestros desencadenantes inconscientes. Nos damos el permiso de tomarnos el tiempo para dotar de recursos a nuestro Ser superior y dejar que nuestras respuestas provengan de ese lugar más profundo y amplio dentro de nosotros.

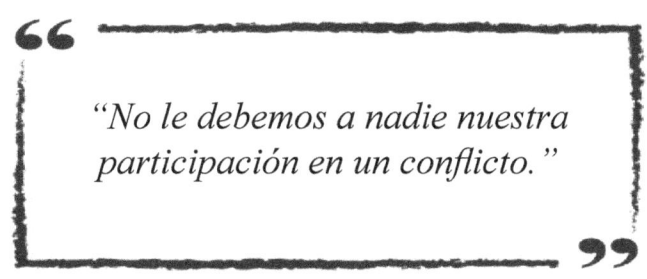

> *"No le debemos a nadie nuestra participación en un conflicto."*

Cada uno de nosotros tiene una cierta capacidad para sostener el Amor, dependiendo de cuánto de ese potencial sea absorbido por la reactividad, las actitudes inconscientes, los mecanismos de afrontamiento y los juicios, las expectativas y las demandas de los demás. Nuestra salud física, emocional y mental también influye en esta capacidad. Todos estos elementos requieren energía para aferrarse, y esa energía no estará disponible para que podamos sostener el Amor. Es por eso por lo que la enseñanza del perdón es tan significativa. La enseñanza de que perdonamos no para la otra persona, sino para nosotros mismos. Si nos aferramos al resentimiento, al juicio, a la hostilidad o incluso al odio, bloqueará nuestra capacidad de experimentar el Amor.

Con eso en mente, crea un espacio libre y claro en tus relaciones y luego haz un mantenimiento relacional periódico para mantener ese espacio lo más despejado posible.

Capítulo 13

¿Divino, Qué? ¿Espiritual, Quién?

Todo en la vida es una práctica. Eso significa que una vez que tomamos la decisión de caminar por el camino de ser más conscientes, tendremos que hacernos continuamente la pregunta: "¿Cómo sirve esto a mi evolución consciente?" Hasta que no nos establezcamos en el Amor, continuaremos experimentando una atracción regresiva hacia el miedo y las formas de ser temerosas. Volveremos a experimentar la confusión, la reactividad, la defensa, el cierre, etc. Cuando te encuentres atrapado en tu mente y confundido por juicios, expectativas, demandas y resentimientos de los demás y no puedas corregir tu pensamiento, hazte esta pregunta: ¿Este comportamiento, actitud, reactividad, etc., sirve a mi evolución espiritual?

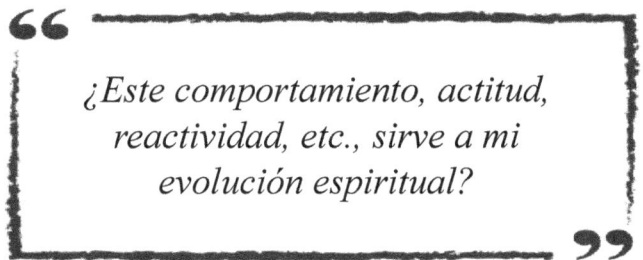

> *¿Este comportamiento, actitud, reactividad, etc., sirve a mi evolución espiritual?*

Hacer esta pregunta nos recuerda la elección que hemos hecho de buscar la conciencia y el compromiso con nuestro ser superior que va de la mano. Si vivimos en la pregunta,

140

eventualmente nos convertiremos en la respuesta y recordaremos quiénes somos. Claro, podemos tener tiempos de negatividad y crisis; de hecho, es probable que sea una certeza más que una probabilidad. Y a veces es posible que no seamos capaces de salir de ella.

Durante esos momentos, sé amable contigo mismo. Recuerdo que mi maestra a menudo decía: "Chicos, sean buenos con ustedes mismos, consuélense. El mundo nos golpea lo suficiente. No necesita nuestra ayuda".

Ninguno de nosotros es un ser perfecto; todos estamos en el proceso de llegar a serlo e incluso cuando lleguemos a donde anhelamos estar, habrá un proceso adicional de devenir. Mi maestra lo llamó el impulso divino, y está codificado en nuestro ADN. Está en nuestra estructura básica de la vida evolucionar, aunque todos evolucionamos a nuestra manera y a nuestra propia velocidad.

> **"** *"Ninguno de nosotros es un ser perfecto, todos estamos en proceso de llegar a serlo…"* **"**

Orta cosa que está codificada en nuestro ADN es el deseo de ayudar a los demás en el camino. Esto puede ser un poco complicado a veces, créeme. A veces damos consejos, asesoramiento, tutoría o asistencia a personas que nunca nos pidieron ayuda. Muchas veces he tenido las mejores intenciones de ayudar a los demás y me ha explotado en la cara. Necesitamos ser muy perceptivos en cuanto a cuán abiertas están otras personas a su propio crecimiento espiritual. Algunas personas han elegido estar exactamente dónde están y no quieren cambiar. No importa cuán fervientemente deseemos que otros sean más evolucionados, no podemos hacerlo realidad. Está fuera de nuestras manos y, por supuesto, esto es perfecto. Eventualmente, llegaremos a reconocer a las personas que de alguna manera fueron guiadas para encontrarnos, porque somos capaces de servirles de alguna manera. Estas son las personas a las que debemos servir.

> **"**
> *"Algunas personas han elegido estar exactamente dónde están y no quieren cambiar."*
> **"**

Entonces, ¿cómo apoyamos el impulso divino en los demás? Considere este ejemplo. Hace aproximadamente un año y medio conocí a Isaac. Me confesó que no sabía nadar. Tuve la suerte de aprender a nadar a una edad muy temprana y siempre he navegado por el agua. Sabía que este no era el caso de Isaac, quien siempre tuvo un temor subyacente al agua. Tanto es así que ni siquiera entró en una piscina en el extremo poco profundo.

Uno de mis grandes placeres es navegar en kayak o en mi tabla de *paddle surf* en la Bahía de Biscayne. Cuando compartí esto con Isaac, me dijo: "En serio, ¿haces eso? Tal vez algún día lo haga contigo". Respondí con un simple: "Está bien". Aunque salía un par de veces a la semana, nunca mencionó la posibilidad de unirse a mí. Eso continuó durante meses hasta que un día, de la nada, me dijo: "Oye, si sales hoy, quiero ir contigo".

—¿En serio? —pregunté.

"Sí", respondió. Sabía que ese "Sí" era su impulso divino al hablar. En los meses que habían pasado, nunca lo había presionado ni siquiera le había mencionado la posibilidad de que se uniera a mí. Sabía que debía de tener un deseo muy fuerte porque su petición se sentía llena de energía. No parecía una idea frívola. También sabía que sería un gran enfrentamiento para él, a pesar de que llevaría un chaleco salvavidas, y una tabla de surf, como le expliqué, es muy difícil de volcar ya que son totalmente planas y muy anchas. Mientras caminábamos hacia el punto de lanzamiento, debajo de un puente con una repisa de concreto a pocos centímetros sobre el agua, le expliqué la logística de remar y maniobrar la tabla de remo. Mi estilo es sentarme en la tabla de paddle surf con un remo de kayak doble y pasar un rato relajante durante un par de horas, en lugar de convertirlo en un entrenamiento más corto riguroso e intenso.

Me di cuenta de que su aprensión aumentaba a medida que terminábamos de inflar las tablas. Le dije: "Primero te ayudaré a subir a tu tabla para que te sientas estable, y luego yo te seguiré". Tan pronto como se sentó en el tablero, entró en pánico. La realidad lo había golpeado. Comprendió que estaba en una superficie inestable y las pequeñas pero impresionantes olas estaban a la altura de los ojos. "No, yo no puedo hacer esto", dijo de inmediato.

Instintivamente supe que su "No" era su ego temeroso que lo detenía en seco, rechazando una experiencia fuera de su zona de confort y haciendo que se congelara. Todos hemos tenido este tipo de experiencia alguna vez, cuando queremos sentir la alegría y la libertad de una experiencia en particular, pero nuestro miedo no nos lo permite. Muchas veces, nuestro pasado, domina nuestras acciones y nos mantiene encerrados en una prisión de miedo y dudas. No tenía intención de permitir que este miedo privara a mi amigo de experimentar esta alegría y libertad en particular. Estaba decidido a servir al "Sí" de su Ser superior.

Así que le dije: "Está bien, cierra los ojos y respira hondo. Estoy aquí y no dejaré que te pase nada. Estás a salvo, tu chaleco salvavidas siempre te mantendrá a flote y no es fácil volcar la tabla, aunque lo intentes. Así que relájate y ten en cuenta que estarás bien".

Al cabo de unos minutos abrió los ojos e Isaac había vuelto. Su impulso divino estaba presente de nuevo. Pasamos un tiempo increíble en la bahía, y él estaba muy agradecido de haber tenido la experiencia. Si no hubiera apoyado y servido a su impulso divino y hubiera permitido que su "No" se hiciera cargo y ganara, se habría sentido muy mal consigo mismo durante bastante tiempo. Habría sentido como si se hubiera fallado a sí mismo porque realmente quería tener la experiencia. No lo convencí ni lo coaccioné. Simplemente apoyé su deseo de expansión, y él me permitió apoyarlo. En última instancia, fue su elección, y lo hizo por sí mismo.

Así es como elijo ayudar a la gente ahora. Nunca presiono ni trato de convencer a nadie de que haga algo que no le es familiar. Sin embargo, si quieren experimentar algo nuevo, entonces serviré a su anhelo de expandirse. Me he dado cuenta de que mi pasado está lleno de momentos en los que me decepcioné a mí mismo y permití que mi miedo me impidiera hacer algo que me atraía hacer. Todos experimentamos miedo a lo desconocido o a lo que sea que esté fuera de nuestra zona de confort. La pregunta es, ¿vamos a tener miedo y lo vamos a hacer de todos modos? Sé que ya he tenido suficiente de dejar que mi miedo tome decisiones por mí. ¿Y tú?

Apoyo tu impulso divino para la evolución consciente y te reto a que cambies tu "No" por un "Sí" y te sumerjas en las profundidades de tu ser. En los espacios desconocidos donde nos encontramos con todas las diferentes partes de nosotros mismos y los invitamos a la fiesta. ¿Estás listo para la aventura del ser?

Apéndice

Hay un par de puntos que quisiera incluir en este trabajo que no encontraron su camino en ningún capítulo en particular. Así que los he incluido aquí.

El primer punto tiene que ver con la conversación o el chisme. Todos sabemos cuándo estamos participando con la energía del chisme. Por lo general, es despectivo y lo más probable es que divulgue información que no nos corresponde divulgar. En otras ocasiones, usamos ejemplos de la vida de otras personas para compartir una lección o ampliar una perspectiva. Esto se entrega y se comunica con una energía e intención completamente diferentes.

Pero este tema se vuelve un poco más gris en las relaciones románticas. En esa situación, ¿dónde trazamos la línea en cuanto a lo que nos corresponde hablar?

En mi primera relación (Jordy, si recuerdas), Jordy me dijo un día: "No quiero que hables con Mariana sobre todo lo que sucede en nuestra relación".

Nunca olvidaré mi respuesta: "Soy el tipo de persona que necesita hablar de sus experiencias. Si estoy confundido o necesito desahogarme, hablar con alguien al respecto me saca todo de la cabeza y lo saca a la luz. Eso me da una perspectiva más clara y me ayuda a entender mejor las cosas. Si no necesitas hacer esto por ti mismo, lo entiendo, pero si tengo una experiencia contigo, soy parte de esa experiencia y tengo derecho a hablar de ello si lo necesito. Sin embargo, no hablaré de nada que tenga que ver solo contigo. Esas cosas no son mías para compartirlas". Lo entendió y nunca más lo volvió a mencionar.

Este tema ha surgido bastantes veces en la consejería cuandouno de los miembros de la pareja es privado y se guarda las cosas para sí mismo y el otro es un comunicador y tiene la necesidad de ser abierto y hablar sobre sus pensamientos y sentimientos. Cuando comparto esta historia con ellos, les da una idea de su pareja y les ayuda a sentirse más relajados acerca de ambas respuestas al problema.

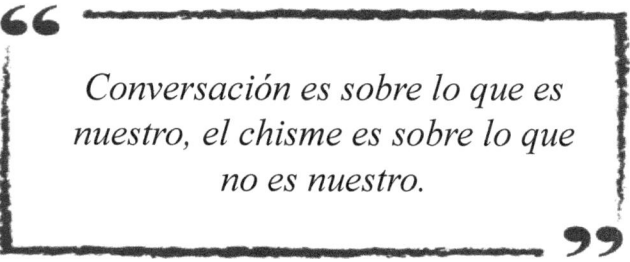

> *Conversación es sobre lo que es nuestro, el chisme es sobre lo que no es nuestro.*

El segundo punto es que la libertad personal se crea estableciendo límites claros. Todos somos expresiones únicas de la vida en este mundo. Tenemos nuestras propias

149

preferencias, habilidades, fortalezas y desafíos. A medida que descubrimos y nos familiarizamos con nuestro auténtico Ser, necesitaremos crear límites en los que nuestra singularidad tenga un espacio para existir. Te daré un ejemplo de esto en mi propia vida.

Desde que tengo uso de razón, he sido un ave nocturna. A mi mamá siempre le costaba mucho llevarme a la cama antes de las once de la noche, y era muy difícil despertarme por la mañana. Más tarde, cuando trabajé de nueve a cinco, personalmente me resultó difícil sacar mi cuerpo de la cama. Como resultado, llegaba tarde más a menudo que mis compañeros de trabajo. Cuando empecé a trabajar por cuenta propia, mi ritmo circadiano particular comenzó a expresarse y mi ciclo natural de sueño de 4:30 a.m. a 12:30 p.m. tenía el espacio para existir.

Algo más me sucede mientras duermo. Duermo tan profundamente, de ahí la dificultad para despertar, que tengo un largo proceso de regreso a esta realidad física. A lo largo de los años me he dado cuenta de que, en este estado, mi mente no se conecta lo suficiente como para permitirme expresar mis pensamientos con claridad. Me toma alrededor de una a una hora y media después de despertarme antes de sentir que estoy completamente aquí en lo físico.

Me doy cuenta de que no soy como la mayoría de la gente o, al menos, como la mayoría de la gente necesita vivir sus vidas para cumplir con los requisitos de su trabajo. Sé que cuando me despierto, la mayoría de la gente ya está almorzando, ha estado despierta durante cinco, seis o siete horas y está en quinta marcha. Si tuviera que hablar con cualquiera de esos madrugadores cuando recién me despierto, básicamente estaríamos en diferentes zonas horarias. No seríamos capaces de conectarnos fácilmente, y yo no haría un buen trabajo en el discurso coherente. También me he dado cuenta de que si me hacen una pregunta que requiere consideración o planificación durante este tiempo, me causa estrés. Así que he creado un límite claro para mí. No contestaré el teléfono hasta cierta hora. Estoy dispuesto a responder mensajes de texto o correos electrónicos, pero mis respuestas tienden a ser breves. Este límite claro me da el espacio para expresar quién y cómo soy, que es la libertad personal.

Todos necesitamos considerar el espacio que nos rodea como nuestro espacio sagrado del ser. Solo *nosotros* decidimos quién o qué entrará en ese espacio. Imagina que vives en un edificio con quinientas unidades. Si dejas la puerta de tu apartamento abierta, entrarán otras personas. Si cierras la puerta, otros tendrán que llamar y *tú* tomas la decisión de dejarlos entrar o no. Lo mismo ocurre con los límites personales. Si no tienes ninguno, los demás ignorarán tu espacio sagrado. Si tus límites son claros, entonces puedes decidir *a quién* dejas entrar en ese espacio sagrado. La mayoría de nosotros hemos crecido en un mundo con un desprecio flagrante por los límites de los demás, así como por los nuestros. No hay nada egoísta en cuidar de tu propio bienestar físico, emocional, mental y espiritual. La mayoría de nosotros hemos sido condicionados a sentir una obligación hacia las expectativas, juicios y demandas de los demás, y si no nos sentimos obligados a cumplir, debemos sentirnos culpables por ello.

Es hora de abandonar este concepto erróneo. Si nos cuidamos, amamos y nos honramos a nosotros mismos, estaremos más sanos y disponibles para servir a los demás.

> *Todos necesitamos considerar el espacio que nos rodea como nuestro espacio sagrado del Ser.*

Datos Del Autor

Lohan Bruguera es sanador/Healer que trabaja con la respiración (Breathwork), entrenador de vida y masajista con licencia desde el año 1991. A través de su trabajo, ha tocado la vida de otras personas, no solo físicamente, sino también emocional, mental y espiritualmente. Comenzó a buscar un significado más profundo para la vida cuando era un joven adulto, explorando diferentes caminos y filosofías. Su profundo proceso espiritual comenzó en el año 1990 cuando conoció a su maestra espiritual Isana Mada Grace Dhyana.

Lohan ha cultivado su habilidad, a través de su proceso interno, para proporcionar a sus clientes un espacio seguro propicio para la curación. Al compartir las enseñanzas de autenticidad y autoexpresión, ayuda a quienes lo rodean a lograr una perspectiva más amplia en sus vidas. Ha adquirido un cuerpo sustancial de conocimiento, sabiduría y experiencia que le permite hacer las preguntas que alientan a otros a mirar más profundamente en su interior y vivir más ampliamente en el exterior.

Lohan cree que nuestro sistema educativo se centra en crear empleados, no en los fundamentos del ser humano: es decir, cómo comunicarnos, procesar las emociones, contribuir a unas relaciones sanas y expresarnos con autenticidad. Esta revelación le llevó a compartir sus métodos centrados en el corazón.

Lohan espera que la humanidad pueda escapar de nuestro confinamiento psicológico y llegar a ser libre.

Lohan Bruguera vive en Miami, Florida, con sus dos perros.

Le encantaría saber de ti. Conéctate con él aquí:https://linktr.ee/lohanbruguera

TRUE AUTHENTICITY PRESS

Maia solía decir delante de grupos de seres que están despertando: *"No sé cuál es su Verdad, pero sé cuándo no estás siendo su verdad. Y todos podemos sentirlo"*. En otras palabras; Nos conectamos con una persona cuando es auténtico y no nos conectamos con alguien que no lo es. Sabemos intuitivamente cuándo alguien está expresando quién es, realmente.

En nuestro camino hacia nuestro yo más auténtico, es útil saber qué cualidades son las más intrínsecas en una persona auténtica. Se trata de cualidades generales que te ayudarán a definir aquello en lo que necesitas mejorar.

Te invito que tomes la prueba gratis del Cociente de Authenticidad, escaneando el código QR o con el link que aparece abajo.

https://uncoveryourauthenticity.com/spanish-book/

Mi próximo libro será: Cociente de Autenticidad: ¿Cuál es tu CA?